中学生高效能学习方法丛书

晨曦 / 编著

中学生10大学习能力开发

时代出版传媒股份有限公司
安徽文艺出版社

图书在版编目（CIP）数据

中学生10大学习能力开发/晨曦编著．—合肥：安徽文艺出版社，2013.6

（时代馆书系·中学生高效能学习方法丛书）

ISBN 978-7-5396-4411-0

Ⅰ．①中…　Ⅱ．①晨…　Ⅲ．①中学生-学习方法　Ⅳ．①G632.46

中国版本图书馆CIP数据核字（2013）第069762号

出 版 人：朱寒冬　　**出版统筹**：韦　亚

责任编辑：段晓静　　**装帧设计**：嫁衣工舍　闻　艺

出版发行：时代出版传媒股份有限公司　www.press-mart.com

安徽文艺出版社　www.awpub.com

地　　址：合肥市翡翠路1118号　**邮政编码**：230071

营 销 部：（0551）63533889

印　　制：合肥天信印务有限公司　**电　　话**：（0551）63446531

开　　本：787×1092　1/16　印张：17　字数：236千字

版　　次：2013年6月第1版　2013年6月第1次印刷

定　　价：28.00元

前言 PREFACE

能力是学习的重要基础，能力也是成才的必要条件。出色的学习能力，不仅是中学生学习优秀的最大优势，也是未来人生的成功资本。因为，学习能力越强，就越能尽快掌握新知识，就越能准确理解、思考和记忆新知识，从而为人生积累更多的知识财富。

学习能力是人的“元能力”，是所有能力形成与增强的基础能力，学习能力不强，其他能力的提升就必然会受到影响。然而，出色的学习能力不是天生的，而是后天培养训练出来的，要通过加强训练，从小形成独立吸收新知识的能力。如果不勤奋用功，不日积月累，即使天资聪慧，也未必能力出众。反之，如果自觉训练，科学培养，即使资质平平，也完全可以拥有出色甚至超常的学习能力。

今天的中学生，面对着繁重的学习任务与考试压力，谁都想在学习成绩上有所突破，有所提升，谁都想在未来人生中取得不俗的佳绩。但这种期待都要建立在良好的学习能力的基础上。因此，千万不要忽略了对学习能力的培养训练。要想未来的人生出类拔萃，拥有学习能力是最最重要的资本。所以从中学时代开始，就要及时注重培养和训练自己的学习能力。

这本《中学生 10 大学习能力开发方法》，依据中学课程教学要求和中学生学习的规律，总结了优秀学生学习的成功经验，从不同的方面为中学生提高学习能力，介绍了行之有效的训练方法和培养途径。本书内容新颖，文字流畅，适合广大中学生自学阅读。有助于中学生从各方面提升自身的素质，为学习出色、成绩优异提供有益的帮助和指导。

中学阶段是为人生打基础的关键时期。广大中学生要以高远的目光，及早开发、培养和增强自身的学习能力，以出色的学习成绩回报老师和家长的哺育。愿本书能为中学生朋友们实现理想而有所贡献。

编著者

2012 年夏

目录 CONTENTS

第一章 超强的学习能力使中学生出类拔萃

第二章　对学习进行全面规划的计划统筹能力

第三章 不依赖老师的功课自学能力

第四章　广泛贮存知识的记忆能力

第五章　催生学习智慧的思维能力

第八章 善于与老师同学交流讨论的沟通能力

第九章 勇于突破学习障碍的心理调节能力

第十章 善于考场抓分的考试能力

◆ 第一章 ◆

超强的学习能力使中学生出类拔萃

知识成就未来，而知识是通过学习而得来的。在今天这样一个科技化、信息化的时代，不学习就根本无法得以生存。拥有卓越的学习能力，是现代人人生竞争的利器。

对于中学生来说，学习能力是他们未来成才的资本。从某种意义上说，学习能力比知识本身更重要。超强的学习能力能使中学生出类拔萃。

广大中学生同学应当深刻理解培养自己超强学习能力的重要性，为此不仅需要激发自己的学习兴趣，而且还要掌握最适合自己的、有利于开发学习潜能的正确方法。

一、学习能力是积累知识财富的利器

学习是人类生存和发展的根本。新的时代对人的能力的要求越来越高，其中最重要的一项，就是要具有学习能力。只有善于学习，才能对纷繁复杂的现代知识驾轻就熟。可以毫不夸张地说，学习能力是人的“元能力”，是一切能力之母。对于广大中学生同学来说，学习能力是积累知识财富的利器，是未来成才之根本。

◆ 学习能力是开启知识宝库的金钥匙

什么是学习能力？简单地说，学习能力就是人们获取新知识的能力，是指通过训练而形成的独立吸收新知识和快速提升工作效率的各种能力。人的大脑中蕴藏着巨大的学习潜能，激活大脑的潜能便能获得强大的学习能力。

学习能力是人生获取知识的利器，是人生成功的基石。一个人的学习能力越强，就越能够尽快掌握新的知识。今天，学习的内容也比以往任何一个时代更加丰富、更加复杂，然而，只要具有较强的学习能力，学会学习、善于学习，一切问题就可以迎刃而解。

中外成功人士的人生经验表明，成功，并不是战胜别人，而是战胜自己。只有战胜自己的人，才是最伟大的胜利者、成功者。“欲胜人者必先自胜”。一个人唯一能够改变的就是自己，而改变自己的唯一途径就是努力地学习，通过学习改造内在的品性与能力，进而改变外在的处境与地位。

有人对人生的成功作了一番这样的推导：

成功，取决于人的学识与经验——大前提；
学识与经验，取决于人的学习能力——小前提；
归根到底，成功取决于学习能力——结论。

可见，学习能力是人生真正的成功之母。

对于中学生来说，学习能力直接影响着他的学习成就，学习能力越强就直接表现为学习成绩越优秀。可以说学习能力是中学生开启知识宝库的金钥匙，学习能力是中学生成长成才最根本、最通用的“成功大法”。

因此，中学生只有不断地增强自己的学习能力，才能迅速地成长进步。

温馨提示：

学习能力的提高是中学生学业成功之母。在激烈的学习竞争中，中学生只有提高自己的学习能力并不断学习、善于学习，才能够出类拔萃，获得学习上的成功。

◆ 对知识的学习能力比知识本身更重要

教育专家认为，现代的学习观已与传统的学习观截然不同。过去的学校教育，就是老师教，学生学；老师讲，学生听。学生只管把死知识灌输到大脑中记住就行了。而现代教育观强调的则是学生学习能力的培养和提高。学生只有具备了较强的学习能力，才会有学习的积极性和主动性，才会摆脱被动学习的惰性，让学习知识成为一种自我追求、展示能力的快乐行为。

有这样一个寓言故事：

有两个猎人在山中打猎。一天，他们在路上遇到了一位老者，老者背着一捆柴艰难地走着。两个猎人动了恻隐之心，轮流帮老者背柴。走出林子时，老者突然变成了上帝，两个猎人赶紧虔诚礼拜。上帝对他俩说，“今天我要帮你们各自实现心中的愿望，你们有怎样的愿望啊……”两人欣喜地说：“打猎很危险，我们若是能成为富人，就不用再担惊受怕地打猎了。”上帝告诉他们：“你们有两种选择，一种是我这里有许多黄金，你们可以尽自己能力拿；此外，还有一本书，书中讲的是一些致富的方法。你们只能选择两者中的一种，即要书或者要黄金，不可两者兼得。”

其中一人选择了黄金，而另一个人经过一番考虑选择了书籍。

10年之后，当时那个兴高采烈扛着金子回家的人，挥霍尽了金钱，又因为人老不能再去打猎，流浪街头成了乞丐；而那个选择致富图书的人，因为学到了致富的方法，经商发了大财，成了富甲一方的大商人。

这个寓言故事告诉我们，能力才是人生的宝贵财富。中学生应当提高学习能力而不要被动地接受死的知识。

那些抱着传统的观念，在学校里只知埋头学习知识的中学生，即使刻苦用功，学得不错，也是难以适应社会和自身发展要求的。从人的发展与社会竞争的角度来看，从学校课本上学到的那点知识太微乎其微了。所以，中学生只有掌握了较强的独立学习能力，才能自由地、更大限度地发挥自己的学习潜能，积极主动地学习自己所需的各方面知识，从而使自己真正成长成为具有强大社会竞争力的优秀人才。

某省一名高考状元在向记者讲述他的学习经验时，语出惊人地说：“我从来不依赖老师学习，课堂上的听课，不过是用来检验我自学成效的一个过程。没有独立学习的能力，就不会有我今天的成绩。”后来，这名学生怕记者误解，补充了一句：“不过您千万别认为我轻视老师的教学，老师的教学和学生在课堂上的认真听讲，都是学生学好知识所不可缺少的。”

也许有人会觉得这名学生过于自负。但是，实践证明，他通过掌握自己的学习方法，具有很强的学习能力，进而取得了与众不同的学习效果，这效果才是我们每个中学生应当积极追求的。

温馨提示：

假若知识是黄金，那么拥有的学习能力便是点金石。只有拥有点金石，才能拥有不尽的黄金；只有拥有超强的学习能力，才会学到无穷的知识。一句话，学习能力比知识本身更重要。

◆ 学习能力为中学生成才插上翅膀

教育专家经研究指出，中学阶段是人的一生中学习知识的最佳年龄段。在这一时期，人的反应灵敏、心理单纯，对知识有一种渴望感。从某种意义上讲，这个时期的大脑就像一块海绵，有多少知识，它都愿意吸收进来。学习能力为中学生成才插上翅膀。如果这个时期能够掌握科学的学习方法，形成较强的学习能力，那么对促进学习成功、尽早成才便具有促进作用。

具体来说，一定的学习能力对中学生的学习具有如下几个方面的促进作用：

（1）学习能力能够使中学生对学习充满信心

做什么事都应当拥有信心，学习知识也是一样。但是，在现实中，中学生的学习信心是大不一样的。有的人在学习中，因为掌握了科学的学习方法，学习能力很强，不仅学习速度快、领会深，而且学得很轻松，心中充满了自信；有的则因为不懂学习方法，只知埋头苦学，结果虽长期努力，学习却始终不理想，最终丧失了学习的信心。可以说，每所学校里都大量存在着因学习能力差异而形成的信心十足和自卑落后的两类学生。

（2）学习能力能够使中学生的学习更有效率

我们知道，在工作中，一个熟练工和一个学徒工，他们如果做同一份工作，前者与后者的效率肯定不一样。熟练工也许只需要一个小时就可以做出一件产品，而一个学徒工很可能一天也难以将一件产品做好，这就是工作能力的区别。学习能力的作用与上述工作能力的作用是一样的。一个拥有较强的学习能力的中学生，即使老师不在，他也可以通过自学，很快掌握新知识的要点、难点，从而很好地领会所要学习的知识。而学习能力较差的同学，则只能等着老师给他讲解，甚至在老师讲解时，学习能力强弱不同的同学，领会讲解的深度和广度也有很大差别，前者明显会比后者理解、领会得更深刻、更到位。

（3）学习能力能够使中学生学习的主动性大大加强

在任何一所学校里，凡是那些优秀拔尖的中学生，学习主动性都是很强的。而那些成绩落后者，大多都是被动学习者。中学生为什么会有主动学习和被动学习之分呢？其中一个重要的原因就是他们的学习能力有强弱之分。拥有较强的学习能力的同学，从来就不会把学习当作一种被动地接受知识的过程，他们的态度是积极主动地追求知识，并在科学的学习方法指导下，最大限度地提高学习的效率。学习能力很强的中学生，他们不完全依赖于老师的讲解和指导，甚至可以说，有没有老师他们都会把学习搞好，会把要掌握的知识学到手。而那些学习能力差、成绩长期落后的青少年，他们不仅在学习过程中过分依赖老师的指导，而且因为自己不能独立解决学习上的难题，只能一步一步跟在别人的后面拖，有一种“混一天算一天”的感觉。

（4）拥有较强的学习能力能够使中学生学习具有创造性

有不少学习能力很强的优秀中学生，在学习的过程中，还表现出一定的创造性。这种创造性表现在两个方面：

一是学习方法的创造性，即在学习过程中，他们能够通过总结自己的学习经验，借鉴他人的学习方法，创造适合自己的独特的学习方法。听一些学习成绩好的中学生谈自己的学习经验，就能够体会到他们在学习上的这种创造性。

二是学以致用，把学习的知识运用到创造发明之中。许多中学生在全国性的发明大赛上获奖，就是这种创造性的体现。也许有人认为，这种创造性表现已不再是学习上的创造性，而是一种纯粹的发明创造。其实，这种看法是对学习概念理解上的误差。从本质上讲，中学生的发明创造同样也是一种学习活动，不过是用发明创造这种形式来表现罢了。

可见，较强的学习能力，对于中学生获得良好的学习成绩是多么的重要。不仅如此，对于中学生的未来成才也十分重要。人类社会在不断发展，现代化的科技也日新月异地发生着变化。一个人要适应瞬息万变的知识更新，就要不断地学习，就要具有较强的学习能力。人们在学校里学的知识是十分有限的，在以后的工作、生活中还需要学习掌握更多的知识和技能。这些知识和技能课本上都没有，老师也没有教给我们，完全要靠自己在实践中边学习边摸索。美国著名成功学家史蒂芬·柯维说：“每个人所受教育的精华部分，就是他自己教给自己的东西。”

温馨提示：

中学生拥有了一定的学习能力，就如同掌握了知识宝库的钥匙，打开宝库，即可以自由获取知识财富，而不再依赖老师或他人的传授和赐予。

二、中学生开发学习能力的基本要求

人的学习能力不是天生的，而是后天不断培养与开发的结果。中学生只有不断挖掘学习能力之源，突破学习障碍，掌握正确的学习方法，学习能力才会得到不断的提升。

提升学习能力，需要积极地采取一系列有效措施。这里我们首先来分析一下中学生开发学习能力的基本要求。

◆ 培养学习兴趣：开发学习能力的第一步

让兴趣引导着中学生走进知识的殿堂，这是中学生开发学习能力的第一步。

兴趣是人的情绪的一种，是人积极地探究某种事物或进行某种活动的倾向。从人自己的体验来说，兴趣会使人产生良好情绪，并使人愿意更深入地更多地认识对其有意义的事物，来填补知识的空白，并使人更好地认识对其有意义的事物。

心理学研究表明，人在充满兴趣地干一件事时，他必然会情绪愉快，精神放松，大脑高度兴奋，创造性能得到高效的发挥，许多闪耀着人类智慧光芒的精神成果，都是经过这样一种过程而豁然出现的。

兴趣对人的成长起着很大的作用。一旦兴趣的兴奋灶建立起来，就会使人集中注意力，对所做的事保持注意的时间也就相应大大延长，并能引起人对事物的认真观察和积极思考。当一个人具有稳定的兴趣后，还会不断改变、丰富和深化兴趣，从而产生更高水平的兴趣。比如：一个人对诗歌有兴趣，他就会不断地收集诗歌、装订成册，并认真研究、努力去尝试写诗歌，立志当一名诗人。这样看来，兴趣可以推动一个人进一步认识事物，并不断地形成稳定的兴趣。

根据兴趣的目的性的不同，可将其分为直接兴趣和间接兴趣。直接兴趣是由于有意义的事物本身在情绪上引人入胜而引起的，如一场好电影等。间接兴趣是由于事物或活动的结果，并不是其本身而使人感到其重要性所引起的，比如一个学生对学语文缺乏兴趣，但当他认识到学好语文可以促使其更好地学习其他学科，他便会逐渐对其产生兴趣。

爱因斯坦曾经说过："兴趣和爱好是最好的老师。"的确，当一个人兴趣盎然时，就会产生良好的情绪，形成一种无形的动力。浓厚的学习兴趣是有志之士成才的重要心理条件之一，它深深地吸引着无数著名的科学家、作家或艺术家去完成自己毕生所追求的事业。

对于中学生的学习来说，兴趣尤其重要。有了兴趣，学习者的厌学情绪便会自然而然地消失。津津有味地学习的东西，能够很快地学会和牢固地掌握。有了兴趣，才会主动、持久地学习，树立远大的理想。许多调查资料表明，对学习有浓厚兴趣、自觉性强的学生，大都能专心听讲，注意力集中，认真做笔记，肯动脑筋，爱提问题，按时完成作业，主动阅读有关的课外书籍，并且有克服困难的顽强毅力。而那些漫无目标、缺乏学习兴趣的学生，往往很被动，学习不专心，对待任务敷衍了事，遇到困难，易产生消极、畏难情绪，把学习看成一种负担进而导致厌学症。

可以说，兴趣是求知的火焰，学习者对事物越感兴趣，由此产生的求知欲也会越旺盛。有的人读书忘了吃饭，有的人学习忘了时间，全然不顾身边的事情，这只是因为他们被吸引了，对自己做的事情倾心入神了。只要保留这珍贵的火种，知识的薪柴就会把它扩大成熊熊燃烧的科学火炬。

日本学者本村久一有一句名言："天才是强烈的兴趣和顽强的入

迷。”当代科学家也认为：人们的需要、兴趣、魄力对创造、发现、处理未知信息是至关重要的。一个人在强烈的兴趣的驱使下，往往能发挥出巨大的内在潜力和奔放的热情，去完成对某些事物的认识与创造。

温馨提示：

兴趣是通向成功的桥梁，有利于人学习新知识，探索新领域。每一个中学生同学都应当努力培养自己对各类知识的浓厚兴趣。

◆ 快乐学习，追求学习的高境界

对于中学生来说，培养学习兴趣是开发学习能力的前提。在培养学习兴趣，还要进一步形成“乐学”的心态。“乐学”就是在学习过程中激发、培养自己的学习兴趣，使学习活动成为一件愉快的事情，从而乐此不疲，好之不倦。“乐学”可以丰富学生的内心世界，培养中学生的学习兴趣，进而提升中学生的学习能力。

我国历代教育家、思想家都将“乐学”作为治学的最高境界。孔子认为，如果学习者能从学习中感受到乐趣，就能克服困难，排除干扰，把全部精力集中于学习。孔子在谈到他自己的学习时说：“发愤忘食，乐以忘忧，不知老之将至。”他曾将学习、求知、爱好、乐趣加以比较，说：“知之者不如好之者，好之者不如乐之者。”北宋的教育家程颐和张载也都强调“乐学”的重要。程颐说：“知之必好之，好之必求之，求之必得之。”张载说：“乐则生矣，学至于乐，则自不已，故进也。”明代的教育家王守仁说，如果学习者十分愉悦，“趋向鼓舞，心中喜悦”，就能产生“其进不已”的效果。我国现代数学家华罗庚也说：“有了兴趣就会乐此不疲，好之不倦。”

他们的这些论述，充分说明了快乐学习对学习的推动作用。

从学习中不断感受到乐趣，是继续学习下去的一种动力，是提升学习能力的有效途径。对未来的探索、对新知识的渴求，和爬山一样，登得越高就看得越远，从而充满着获得新知识的快乐。当尝到这种乐趣后，即使有时很累，很辛苦，也容易接受了，因此在学习中也就会更有劲头。快乐学习，达到学习的高境界，才会在一种快乐的心境中不断提高自己的学习能力。

中学生在勤奋学习中不断瞄准新的目标，是追求学习高境界的一种有效方式。在每次作业、每次考试后都应订出更具挑战性的目标。如今天作业争取9点前做完，这次考试力求平均分数达到90分，比上次高2分等。不过目标不要订得过高，要一经努力就可达到，这样不仅让自己从目标完成上转压力为动力，也能让自己体会到达成目标后的喜悦，为以后攀上更高的追求目标打下基础。

温馨提示：

学习是一件苦差事，只是一味苦读，时间长了势必会厌倦。所以对于学习中的点滴进步和成功，都应给予自己适当的鼓励，这能使自己体验到成功的快乐，从而激励自己再下苦工夫去争取更大的成功。

◆ 刻苦学习，保持旺盛的好学精神

人生的成功捷径是什么？求知好学！勤奋刻苦！不论身处的环境多么艰苦，他都始终没有忘记学习，好学使他插上了理想的翅膀，培养和锻炼了学习能力，取得了杰出的成就。

同样，在竞争激烈的现代社会里，中学生要想取得成功，就应该保持勤奋好学的精神，不断汲取新的知识，使自己成为有用之才。

在中学学习生活中，繁重的课业很容易使人滋生“厌学情绪”，但是为了在激烈的高考竞争中不至于成为名落孙山者，无论是老师还是家长，甚至是学生自己，都希望延长学习的时间。因为从某一方面、某一角度来说，学习时间的长短与学习效率的高低是成正比例关系的。这就是为什么补课现象屡禁不止的原因。

作为一名学生，面对着巨大的压力和繁重的课业负担，如果没有吃苦耐劳的精神，真的很难挺得住。挺不住，以后的路就难以走下去了。应试教育让学生沦为书本的奴隶，机械地学习，但应试教育却也并不是一无是处，在很大程度上，它培养了学生吃苦的精神。

一位以优秀成绩考上复旦大学的同学在回顾自己的中学时代的学习生活时说：

我的空间想象能力很差，所以，从初中开始，几何就一直学得不好，中考成绩不好就是因为几何题没有考满分。到了高中，学习立体几何，我简直就不知道老师在课堂上讲些什么，因为我连最简单的三维图形都不会画。所以，整个高一一年，我都仿佛生活在噩梦之中。

我曾经自暴自弃，在上几何课的时候做代数的习题。后来，我实在没有办法了，只好找老师寻求帮助。老师鼓励了我，他说立体几何对于一个人的空间想象能力要求是很高的，并不是每个人天生就能学好这门功课，要学好它必须要下一番苦工夫，只要挺过了开始这段最难的时间，就可以掌握立体几何的知识了。那么，怎样去下苦工夫呢？老师要求我抄书上的定义、定理，并找出它们之间的联系。如果不会画图，就描书上的，对于书上的例题，也要在笔记本上抄两遍。

我真的按照老师的要求做了，结果发现在抄书的过程中，对基本概念、基本定理的理解加深了，发现它们构成了一个有机的整体。一个概念可以引出另一个，这个定理是以那一个为基础的。

我虽然不能把立体图形画得很美观，很合比例，但是已经能够看清线与面之间的关系了。这样，我挺过了最艰难的时期，立体几何的其他内容，例如各种多面体、圆柱、圆锥、球体，就不能对我构成任何障碍了。最后期末考试，我立体几何得了很高的分数。

可见，培养吃苦的精神和耐劳的毅力，这对中学生来说是十分重要而且必要的。它不仅在学生阶段对学习能力起到巨大的帮助作用，而且对于个人以后的生存和发展也能够有很大的好处。

温馨提示：

作为一名中学生，应该能够在学习的过程中，克服遇到的各种挫折和困难，培养踏实的学风和吃苦耐劳的精神。

◆ 培养良好的学习习惯，为增强学习能力提供保障

提高学习能力，还需要培养良好的学习习惯。良好的习惯能使学习效率事半功倍。凡是学习能力强的人，一般来说都是从小培养形成了良好的学习习惯，而学习能力弱的人，往往缺乏良好的学习习惯。

中学生培养自己良好的学习习惯应该注意以下几方面：

（1）培养按计划学习的习惯

中学生的主要任务是学习，同时还有劳动、文娱活动、体育活动、社会交往等内容。我们订计划，应该包括德、智、体等各方面的安排，但学习是其中最重要的部分。

中学生的学习计划包括每天的时间安排、考试复习安排和寒暑假安排等。计划应当简明，什么时间干什么，达到什么要求，都要十分具体。

（2）培养专时专用、讲求效益的习惯

有些中学生，学习不专心致志，“磨”得很，看书、做作业心不在焉，时间用得很多，效果却不好。其原因就是没有形成专时专用、讲求效益的习惯。学习应该做到速度、质量并重，在一定时间内，按要求完成一定数量的任务。

（3）培养独立钻研、务求甚解的习惯

中学生对待学习，最忌讳一知半解、浅尝辄止。要培养自己独立钻研、务求甚解的习惯，要通过自己的深入钻研，真正弄懂知识的原理，从而牢牢地掌握知识，并能够得心应手地运用知识。

（4）培养查阅工具书和资料的习惯

工具书和资料是不会说话的“老师”，中学生在学习中，会使用工具书和资料，对自己独立钻研、探索新知识有很多好处。除了一般的字典、词典之外，各门学科都有专门的工具书。中学生应学会多利用工具书，遇到生字、生词或其他不熟悉的知识，马上请教这些不会说话的“老师”。

（5）培养善于向他人请教的习惯

善于请教，是增长知识的一种好习惯。善于请教的前提是善于思考、善于提出问题。中学生在学习中应把遇到的问题随时记录下来，以便向他人请教。向别人提出的问题，应该是自己通过努力没有解决的。提问题要讲质量，翻开书本就能解决的，最好自己解决。有些疑难问题，如果自己有“尝试性答案”，带着答案去请教，会收获更大。

温馨提示：

习惯的养成是一个长期的过程，良好的学习习惯是从一点一滴养成的。中学生朋友们，你如果养成了一种良好习惯，那就意味着你朝着成功走近了一步。为了你成功的人生，希望你为自己培养更多的良好学习习惯。

◆ 第二章 ◆

对学习进行全面规划的计划统筹能力

目标和计划是成功的起点，是前进的力量。凡事预则立，不预则废。正像建造楼房先要有图纸，打仗先要有部署一样，成功有效的学习也必须制订好一套切实可行的计划。法国著名文学家雨果说："有计划的人，不仅学习有条理，有顺序，而且有目标，有方向。"

中学生制订周密的学习计划，不仅有利于学习时间的调整与支配，而且能为学习、考试做好准备。只有目标明确，实施到位，才能取得理想成绩。培养与提升学习计划方面的能力，有利于中学生在校学习的进步，有利于中学生未来人生目标的尽快实现。

一、为何培养对学习进行全面规划的计划统筹能力

中学生的学习计划既是对时间的合理利用，也是对目标的分解落实。要想克服学习盲目性，就要制订科学的学习计划。

计划是攻克学习难关必需的准备。如果没有养成计划统筹能力，中学生的学习积极性和主动性必然会受挫伤。所以，中学生必须培养对学习的计划统筹能力，这样你才能成为学习的主人。

◆ 凡事预则立：培养计划统筹能力的重要性

在初中阶段，注意培养和提高自己的计划能力具有很多的益处，一个完善的学习计划能够减少学习的盲目性，使学习步入一个有条理的良性循环之中。

在学习中，常看到有些学生东走走西转转，东看看西翻翻，似乎作业完成了，就万事大吉，没事可干了。这实际上是一种“随遇而安”的学习态度。这样做的原因，在很大程度上是没有为自己订个“规划”，学习缺乏计划性。

每一件事都在计划中处理得有条不紊

作为辽宁省鞍山市2006年的中考状元，张璐的父母对女儿的学习从来都没有施加过压力，也不为她制订学习任务和学习计划，每

阶段的学习计划都是由她自己做主。

张璐的日常作息时间很有规律，每一件事都会在她的计划中处理得井井有条。张璐说："课上老师讲的每一句话都要认真听并要记住。"她把自己比作一台录音机，会把老师在课堂上讲的每一个知识点都"录"下来，然后回家再做"复读机"进行复习。

每天放学回家，她不是马上学习，而是要让自己充分放松。解除一天课堂学习的疲劳后，才进入学习状态。一般晚上六点半到十点左右是她的学习时间，保证每天在家的学习时间在3小时左右。

在中考最后的冲刺阶段，张璐放下了一切的兴趣爱好，一切都为中考让路、一切都为学习让路。她很有计划地为自己编定每一天的学习任务，有条不紊地复习书本知识。正是因为这些细致入微的计划，张璐顺利地完成了初中三年的学业，并在不知不觉中取得了优异的成绩。

那么，怎样来制订一项完善的学习计划呢？一般来说，一项好的学习计划应包括以下几方面内容：

（1）自己应达到的目标

就是说，针对自己目前的学习水平，决定一个自己在学期末所能达到的学习目标。这个目标不能太高，太高了实现不了，影响自己的情绪；也不可太低，太低使学习失去了动力。这个目标应是经过一学期努力刚能达到的目标。

（2）分析自己目前存在的问题

比如自己目前哪方面比较欠缺，哪科需要有较大提高，哪项是本学期必须要解决的问题，等等。针对这些情况决定自己学习时间的分配，决定自己目前该朝哪方面努力，等等。

（3）制订详尽的学习任务表

主要针对一星期的或一天的日程安排，决定自己在每个时段要学什么，以及怎样学。比如什么时间预习或复习什么课目，什么时间做什么练习等等。要把一天的时间表基本上安排好，这样可以督促自己按照计划去实行每一步战略，不会在哪个时间感到无所适从。但有一点要注意，学习计划不可订得太死，要有少量的余地可供自己临时支配。太死了会使学习产生一种沉闷感。

古人说“凡事预则立”，就可以看出在学习之前做计划的重要性。一项好的学习计划，可以促使自己按照既定目标去奋斗，不荒废时间，最大限度地发挥自己的潜能。

温馨提示：

学习切忌没有计划性，学到哪儿就是哪儿，高兴学什么就学什么。这样完全凭个人喜好，凭一时的兴趣来学习，很容易造成不均衡发展，学习效率不高，影响学习过程的系统性和完整性。

◆ 计划统筹能力让你成为学习的主人

善于把一段时间与计划结合起来，切忌人为地把整段时间裁剪成零碎的片断。一项重要的计划刚着手，就随便丢下而去做其他不重要、不紧迫的事，结果零打碎敲，分散了时间，以致事倍功半。比如，你原计划两小时内做完一套练习题，可你一会儿削铅笔、找橡皮，一会儿上厕所，一会儿与同学看相片，看了相片又想起还要给朋友写信，如此等等，自然就完不成任务了。

成绩最优秀的学生，往往并不是头脑最聪明的学生，最重要的是，他们知道如何充分利用学习时间。天津南开中学的罗曼同学就是一个典型的善于充分利用时间的全优学生。

罗曼是南开中学乒乓球队的队员，同时还是校乐队的队员，并在校学生会任职。另外，她还参加了数学兴趣小组。在南开中学学习期间，她的功课门门优秀，是全年级有名的全优生。

每当各科老师纷纷布置一大堆作业时，罗曼就制订出一个相应的时间表，把用于做每科作业的时间做了比较详细、合理的划分。这样一来，罗曼就不像其他学生那样，面对这成堆的作业，感叹无从下手了；也不像他们顾了这一科，不知不觉中就误了那一科。“我的时间表制订出来之后，”她说，“每次学习起来，我都能做到得心应手，游刃有余。”

将所要学习的科目或所要读的书，按轻重缓急划分成若干等级，依据照顾重点兼顾其他的原则，安排出详细的时间表，这是制订学习计划的基本要素。

按“等级分配”法制订学习计划，能使你抓住重点，获得举一反三的效果。

哈佛大学研究“时间管理”的顾问建议：采用“等级分配”方法，将2天或1个月内所要做的事项列出来，依轻重缓急安排好。将最重要最迫切的事列为A等；次者为B等；可做可不做，没什么重大意义的事列为C等。A等的事，安排较多的时间和精力最充沛的“顶峰期”去做；B等次之；C等可安排一些零星时间，或者干脆不做具体安排，有时间就干，没时间就算了。各个科目的学习，也分成若干等级，比较重要的，或者需要重点努力的课程列为A等，其余类推。

这样，你就能抓住重点，以主带次，有的放矢，有条不紊地进行学习，获得举一反三的效果。否则，东抓一把，西抓一把，杂乱无章，无所适从，本末倒置，劳而无功。

安排学习，一定要有“每天计划”。有一位时间管理专家曾说过：“长远的计划只会使人消沉。”又说：“如果想使目标早日实现，除长远计划外，你还必须制订每天计划，使生活组织化、规律化。”人非常容易倦怠，也非常健忘。所订的计划太远太大，一时实现不了，就会失去新鲜感，使人厌倦、消沉。常常有这样的现象发生：一个星期或一个月的计划，因为一天两天的耽误，无法如期完成。于是越拖越久，越积越多，终于变成为计划而计划，完全忽略了计划的目的是什么？计划要帮助我们达到哪些效果？这样的计划就变成了纸上谈兵，失去了它本来的意义。

所以，我们应该养成一个习惯，随身带一个日记本，每天早上或晚上制订好第二天的计划，越详尽越好。第二天结束时再仔细核查一下，完成了多少，还有哪些未完成。然后，列出下一天的计划，如此周而复始。这就是根据日记来检讨“计划中的一天”和“实际上的一天”之间的差距，并找出产生差距的原因，在下一天中采取相应的措施缩小这种差距，使计划恢复原有的意义。

我们不要过分地注重长期计划和远大目标。只要能确保每天的计划按时完成，养成当天的事情当天完成的习惯，无形中也就完成了星期计划、月份计划等长期计划。

每门学科都能使头脑产生不同的反应及不同程度的思考活动。由于各人的差异不同，每个人也都有自己喜爱的学科和感到头痛的科目。根据心理调查，就一般人而言，最容易使头脑疲惫的学科是外语和数学。因此，在安排课程或学习进度时，要尽量避免在同一天内安排外语课和数学课，或其他令人头痛的学科。并且，这些科目的学习时间应尽量安排在头脑最活跃的时候，即前面提到的上午10时，才能增进学习效果。

温馨提示：

对时间计算得越精细，事情就做得越完美，如果在学习上也能以“分钟”为单位，严格要求自己，在规定的时间里完成规定的学习计划，那么自由散漫、不珍惜时间的习惯就能彻底根除。

◆ 对学习进行计划统筹的核心：确立学习目标

每个人，无论他出身贫贱还是高贵，如果他确立了一个正确的目标，并稳步坚定地前进。那么，无论什么都不能阻止他奋斗的步伐。中学生的学习尤其如此。因为确立明确的学习目标是对学习进行计划统筹的核心。

（1）明确学习目标，是学习成功的前提

无论做什么都需要有一定的目标，否则人的任何行为都没有意义。人类的思维方式中有一种惯常的思维叫做目的性思维。不管人们怎么样看待目的或者目标，它都作为一种价值取向存在于事务和人们的行动之中。在人的每一个成功或者每一步前进中，目标都是一个至关重要的因素。

具体到学习上，首先，最重要的是中学生要有一个明确的学习目标。有目标才能有动力。明确的学习目标，是成功的前提条件。美国近代心理学家布鲁纳说过："要使学生对一个学科有兴趣的最好方法，就是使他感到这个学科值得学习。"目标是学习的动力，兴趣是最好的老师。只有明确学习目标，对学习产生浓厚的兴趣，才能完成学习任务。因此，中学生要树立明确的学习目标，要认识到：今天的学习不仅是为了掌握一门知识，更重要的是为了发展自己的智力，培养自己的能力。

有的同学认为考上大学就是最终目标了，从此后就可高枕无忧，因而不思进取，更不用说用功学习了。这只是说他完成了一个目标，至于下一步的目标到底是什么，他还没有明确的认识。他只知道完成暂时的目标，而不清楚所谓的目标确立是需要根据不同的环境变化而随之变化的，人只要还在成长着，就必须不断地从一个目标走向下一个目标。如果没有明确的目标，中学生的成长就会停滞。所以说，目标的确立过程实际上是一种目标意识在不断地提醒主体要注意从一个目标走向另一个目标，而不是只停留在满足一个目标的实现上。只要自己的追求和需要不断，那么目标意识就会始终伴随着生命。

目标也是有各种类型的，一般从时间角度来分有以下三种：

- 长期、全面的目标。在两三年或更长的时间里，中学生想达到何种程度，或做什么。

- 中期目标。到中学生的课程结束为止，需要学习什么内容，以便实现他们的长期目标。

- 短期目标。为了达到自己的主要学习目的，明确学习目标，提高自己的学习兴趣。

实际上在中学生学习的每一步里，都应该落实到书面上一个相应的计划，这个计划里大多包含着所要达到的目标，并且是制订出了达到这些目标的方法。计划随着实践的过程而有可能改动，因为在实践中会检验制订的计划是否切合实际的目标，这些个体的目标是否都有利于发展自己的智力、培养自己的能力，以便在这个基础上及时调整与目标的偏差。

(2) 长期向着一个目标前进

长期向着一个目标前进并不是一件容易的事。大多数中学生总是在是什么的问题上信誓旦旦，但是一到具体怎么做的问题上，就会泄气三分了。这实际上等于空口说大话。到底确定了目标之后怎么做，不同的中学生会有不同的方式。剑桥女孩孟雪莹在她中学的时候就表现出很强的向着目标前进的能力。一般来说，中学生的行动受到自己意识的影响相当大。如果这种意识具有一定的目标性，即当中学生有了明确而具体的目标之后再开始做事，将会变得非常积极。目标越是明确具体，动力就会越大。孟雪莹的父亲把它叫做“目标行动”。明白了制订计划的重要性后，在父亲的帮助下，孟雪莹经过几次改动终于为自己制订了一个相当详细和符合实际的行动计划。这种经过自己思考自己设计出来的“计划表”，对孟雪莹的发展是极为有利的。这和许多老师或者家长代替中学生来为其制订“计划表”不可同日而语。别人做出来的“计划表”，即使很有针对性，但是真正能够实行的少，因为中学生不一定能够接受它。实际上制订计划时间表也是培养中学生素质与能力的重要一环。

只有在制订自己的计划的过程中，中学生才会真正体会到自己的能力水平，才能全面考虑目标实现过程中会遇到的各种问题，也才能使自己的全盘统筹和宏观、微观调控的能力得到很好的锻炼。如果学会了经常为自己订立计划，那么就一定会在学习过程中时刻保持清醒的头脑，对自己有很好的认识。孟雪莹进入北大以后，她仍然很注意用制订计划的方式追求要达到的目标。她考察了学校每天的课程安排和上课休息时间，然后按照自己心目中要达到的那些目标，来制订时间计划表。这种方式已经成为她的一件法宝，因为有了计划，心中的大目标就被分割成一个一个小目标，这样目标就在自己的心目中变得越来越明确，自己制订的计划表也会像一位智者一样引领着和督促着自己一步一步往前走。

目标意识是一把开启成功之锁的钥匙，所谓形成意识意味着时时确定自己的目标，使之成为自己脑中的一种潜意识。当它幻化为潜意识的时候，证明一个人已经具备了一种目标思维的思考方式，遇到问题就要先考虑到为此确定一个明确的目标。这是一种习惯，更是一种难得的能力。因为人总是为着某种目的生活着，目标可以说使人们的生命有了意义，因为任何目标都有其应有的或者被赋予的价值。也正因为如此，目标才可能成为人们的负担，它有时是一种压力。但是真正懂得向自己确定的目标奋斗实现自己的诺言的中学生，压力有时是一种难得的动力。也正因为目标里包含某种使人生有意义的价值，目标才对中学生永远都有着强大的吸引力，引导着中学生放眼前方，冲破一切艰难险阻由现实的此岸向目标的彼岸进发。

（3）实现目标是意志的支撑、快乐的源泉

理想是茫茫大海上指引航向的灯塔，是漆黑夜间前方亮出的一片火光，没有理想，人就失去了动力，就无法战胜自己的惰性；而无法战胜惰性，便很难把握时间、把握生活，很难有直面困难与挫折的勇气。闲适、安逸远远要比苦读容易得多。可是，一个志在顶峰的人，是决不会留意半山腰的奇花异草的。

有一名高考状元在接受采访时说：“时常有这样的感觉，每当自己做出了一道数学难题、写出了一篇满意的文章、完成了一个小小的计划或是组织了一次极棒的活动的时候，一种打了胜仗似的快乐油然而生，这种由完成小小的目标而产生的快乐感和充实感充溢了我的身心，促使我去继续不断地攻克学习上的一个个难关。”

还记得那个著名的登山家说过的话吗？“因为山在那儿。”是的，因为山在那里，所以我们要去登山，要去征服。那种油然而生的、发自内心的快乐与自豪感，那种凌绝顶“一览众山小”的豪迈与气魄，没有登上山顶的人是绝对不能理解和感受得到的。目标的实现，就如登山者的成功。这种征服目标所带来的快乐，可以促使你去攀登一座又一座的高峰。

温馨提示：

如果没有目标，中学生就会对学习敷衍了事，甚至耽于玩耍。这样不但浪费了大好光阴，而且心里也会觉得失落、空虚，接踵而来的是悔恨、自责、苦闷和烦恼。

◆ 学习计划:学习生活有条不紊的推进器

所谓学习计划，就是学习者为达到一定的学习目标，根据主、客观条件而制订的步骤、方法。

如果留心观察一下，就会发现有相当多的中学生，在自由支配的时间内所进行的活动往往带有很大的盲目性和随意性。如果今天老师留的作业多，明天要考试，学习就抓得比较紧：当然也无非就是赶作业或考前突击复习，出现一片手忙脚乱的现象。如果老师今天作业留的少，近期也没什么考试，那么一下子就放松起来：放学之后，球不打到天黑不回家；回家以后也常常是听录音、看杂志、吃点心、串门、聊天、打扑克、上网、看电视等，一直搞到很晚；就是老师留的那一点点作业，不“逼”到临睡前也是不会做的。

这种毫无主动性、计划性，完全由老师留的作业或考试控制的学习生活是荒唐的、低效率的，是很难把学习搞好的。

上述这些现象的出现，可能与缺乏远大理想有关，也可能与意志品质差有关。不过，中学生没有认识到制订学习计划的好处，是其中一个重要的原因。

中学生应该认识到学习计划的重要性。那么，学习计划的重要性包括哪些呢?

（1）学习计划可以促进学习目标的实现

每个中学生都有自己的学习目标，区别只是在学习目标的内容上，有的比较长远，有的比较短浅；有的比较高尚，有的比较自私。

中学生要实现长远而又高尚的学习目标，绝非一日之功，必须脚踏实地，有步骤地努力去做才行。因此，从实际出发，安排好学习时间和学习任务十分必要。可以说，学习时间和学习任务的科学结合诞生了学习计划，实现学习目标的愿望越强烈，制订学习计划也就越迫切。制订好学习计划后，就会使自己的每一个学习行为都和学习目标的实现紧密地联系起来，使学习行为具有明确的目的性。

可以说，学习计划是实现学习目标的蓝图。每一个想把学习搞上去的中学生，要拿出的第一个实际行动，就是制订一个切实可行的学习计划。当你制订完学习计划后，心里有了底，就会感到学习目标的实现只是时间问题。

（2）学习计划可以磨炼学习意志

在实际的学习生活中，学习计划的实施不会一帆风顺，而会受到种种“冲击”。一般的“冲击”有以下两种情况：

一是出现自己没有预料到的必须参加、必须进行的有益活动，如集体活动，或作业增多、考试临近等。这时就需要调整学习计划，以适应变化了的情况。

二是出现一些经过自己的努力，完全可以排除的困难和干扰。例如，出现计划外的文体活动或其他娱乐活动。这时，为了保证计划的实施，中学生就要努力克服困难、干扰及各种诱惑，不断调整自己的行动，使自己的行动不偏离计划中既定的学习目标和任务，直到实现为止。

意志品质（自觉、顽强、坚持、自制）会在一个又一个计划的实现中，不断地得到磨炼。意志品质上的收获往往容易被忽略，可实际上这是极为宝贵的精神财富。

科学研究结果表明，在学习过程中，意志品质的作用越来越大。良好的意志品质是学习成功的重要保证，而学习的成功又为发展良好的意志品质起到推动作用。

如果没有学习计划，中学生在学习生活中对自己也就很少有什么要求和打算，当然也就安于现状，更谈不上意志上的努力和斗争了。因此，这些中学生的意志品质往往很差。

（3）学习计划有利于养成良好的学习习惯

中学生长期按学习计划办事，就会使自己的学习生活很有规律，逐渐形成“条件反射”。到时候，就不必为起不起床、睡不睡觉、学不学习再付出意志上的努力了。学习生活完全达到了“自主”的境界：不起床也睡不着了，不学习就好像缺了点什么似的。这说明良好的学习习惯的养成是离不开科学的学习计划的。也可以说，良好的学习习惯是学习计划和顽强意志长期结合的产物。

（4）学习计划提高学习效率，减少时间上的浪费

制订了学习计划的中学生知道，自己多玩一个小时，多聊一个钟头，将会使计划上的某项任务告吹。根据学习上循序渐进的原则，将使整个计划中的许多任务受到影响。所以，他们对时间特别珍惜，不会随便地浪费时间。

计划性强的中学生，由于心中明确什么时间做什么事，所以不用临时动脑筋、费时间去想。缺乏计划性的中学生，一旦坐下来，还要为该干什么事考虑半天，尤其在完成了作业以后，这种现象就更为明显，因此白白浪费了很多宝贵时间。

总之，制订学习计划可以促进学习目标的实现，可以磨炼学习意志，有利于良好的学习习惯的养成，还可以提高学习效率，减少

时间的浪费。一个想把学习搞好的中学生，不妨制订一份详细的学习计划。

温馨提示：

中学生在学习时要善于制订一份符合自己实际情况的学习计划，这样才能避免出现“三天打鱼两天晒网”的现象。

◆ 善于有效利用自己有限的时间

现在，中学生的学习负担较重，每天都有大量的作业要写。如果时间不抓紧，或是安排不好，那就更麻烦了。不少中学生尽管天天忙得不可开交，学习收效却不大，同时又浪费了许多时间，得不偿失。

有句名言说得好：抓住了时间，就抓住了成功。对于一名中学生来说，抓住了时间，就抓住了优异的成绩。

抓住时间并不是时刻抱着书本不放。真正会利用时间的人，都是最会管理时间的人，他们能够在最短的时间里做最多的事。

时间，对于每一个人来说都公正无私，它从不多给或少给谁一分一秒。然而，不同的人在同等时间里的收获却大不一样。这是何故呢？一句话，关键在于你会不会科学地利用时间。

当今社会，知识以爆炸般的速度在迅猛增长，面对如此浩瀚的知识海洋，迫切要求我们能在有限的时间内掌握尽可能多的知识，以跟上时代发展的步伐。

可是现实生活中，许多人在无所事事中浪费掉大量的时间，每次他都会说同样的一句话：“时间过得太慢了，真难熬。”也有许多人的时间在忙忙碌碌中度过，他会很无奈地说：“时间过得太快，事情还没做完呢。”虽然他们都用掉了时间，却都没有在时间里得到快乐和满足。这是为什么呢？因为他们都做了时间的奴隶，被时间所驱使，并没有醒悟到自身该如何去管理、利用好时间，如何让时间为自己所服务。时间很宝贵，“一寸光阴一寸金”，要懂得去珍惜。

对于中学生来说，要学习的东西还有很多，一定要上紧时间的发条，这样就能够更加充分地利用时间。

我们经常会有这样的感受：自己买了一本书，想到反正书是自己的，等有时间再读也不晚，结果读读放放老是读不完。若是借了别人一本书，并要求限期归还，为了不耽误还期，就会挤出时间紧张地阅读，很快就读完了。为什么会出现两种不同情况呢？问题就在于前者没有紧迫感而效益低下，后者有了紧迫感而效率也就提高了。

光阴似箭，日月如梭，并且时间如流水，一去不复返。我们要抓住时间，抓住今天，因为人的一生就是由无数个“今天”组成的。然而，有的学生在学习时，不是当日事情当日毕，而是当日事情推明天，明天事情推后天。这样长期下去，时间白白地流逝。希望中学生朋友不要把今天的事情推到一个个的明天，一定要抓好今天，争分夺秒地学习。

在我们的生活中也可能有这样一种情况：每天都有无数人在构思着美好的未来，同时也默默地埋葬着美好的构思。这是因为他们不敢行动或拖拉达不到行动目的，他们还常常感叹地说：“唉！我当时应当那么做，可惜我没有做。”“我早就该将事情做完，但直到现在还没有完成……”

显然处于这种心态的人，是只有计划而无行动，或是拖拖拉拉放过了良好时机。

拖延时间只会使你在现实中更加懦弱，使你对生活逐步产生厌倦。因为你没有积极地有效地利用现在的时光，让时间白白浪费掉，你却一无所获，一事无成。

时间是宝贵的，也是最容易逝去的。朱自清先生在他著名的散文《匆匆》中，形象地描绘了时间匆匆逝去的情景：“洗手的时候，日子从水盆里过去；吃饭的时候，日子从饭碗里过去；默默时，便从凝然的双眼前过去。我觉察他去的匆匆了，伸出手遮挽时，他又从遮挽着的手边过去，天黑时，我躺在床上，他便伶伶俐俐地从我身上跨过，从我脚边飞去了。等我睁开眼和太阳再见，这算又溜走了一日。我掩着面叹息。但是新来的日子的影儿又开始在叹息里闪过了……”

时间是如此的容易逝去，所以我们每一个人都要做时间的主人，紧紧地把握住时间。

温馨提示：

拖拉时间是一种惰性的生活方式，对时间的拖拉也是一种逃避现实、欺骗自己的表现。因为你总是将事情推迟到未来这一时间，那就是对自己能力的怀疑，对自己失去了信心。

二、培养计划统筹能力，使学习有路可循

学习效率高的中学生都有一个共同的特点，那就是他们都懂得合理地分配与利用时间，都有较强的计划统筹能力，使自己能够劳逸结合，不迷信长时间的学习，也不把大量的学习时间浪费在玩上。中学生要培养计划统筹能力，最大限度地利用时间，从而得到较高的学习效率。

◆ 自主确立适度而有吸引力的学习目标

中学生应该如何确立适合自己的学习目标呢？一般来讲，学习

目标的确定有以下三种方法：

（1）独立确定而不受外界各种压力干扰的目标

如果你充分地相信自己，从某种意义上来说，你就具有了从事任何活动和达到目标的信心和能力。

有一位同学，高中的时候本来是在学校里的理科试验班，那是当时学校里最好最优秀的班级。在理科试验班待了两年，她越来越觉得这并不是自己的兴趣和目标所在。到了高三，她顶着巨大的压力，在一片反对声中毅然决然地由理科转为文科。学习自己擅长和喜欢的东西，总是轻松和快乐的。事实证明她的选择是正确的，经过努力，在高考中，她以优异的成绩如愿撷取了到北大学习的机会。

（2）目标必须是能够达到的，应由自己的兴趣与实力来决定

目标不一定是一成不变的，它可以随着自己实力的变化而变化，无须过高，也不能过低，跳一跳，够得着，即可。

有一位北大学子说："高一的时候，我只能保证自己上武汉大学；高二时，改为人民大学；到了高三，我便把目标锁定北大，并为此奋斗不止。我喜欢这样的追赶，去追寻遥遥领先的理想，在追赶中，我觉得自己是自由自在人生的主人。"

（3）目标应该是美好的，极具吸引力的

目标必须要能促使你克服各种挫折和困难并为之奋斗，能对自己起到良好的约束和督促作用的。

重庆市 2001 年高考文科状元幸婧第一年高考因为 5 分之差没有考上北大，复读一年后顺利考入北京大学光华管理学院。她第一年填报志愿时就认定了北大，其他学校一个没报。她说："我就是考不上北大，再复读一年也要考上。这一年真是非常重要，如果自己丧失了信心，丧失了目标，而不去努力的话，将是终身的遗憾。我觉

可能有自己的弱科，有的感到外语较难，有的觉得数学问题较多，制订计划时就应该把这些情况考虑进去。

有些学习成绩优秀的中学生，因为要参加学科竞赛或希望发展某些方面的特长，在课余时间里还需要安排一些提高性的学习。对于这些中学生，课余提高性的学习内容，也就成为他们学习计划中的某一阶段的学习重点。

重点确定以后，必要时还可以根据学习本身的系统性，将重点内容再细分为几个专题，在兼顾其他各学科学习的同时，集中一个月或几周的课余时间去攻一个专题，解决一个专题以后，再集中一段时间专攻第二个专题、第三个专题……这种各个击破、集中力量打歼灭战的计划学习方式，无论对于补差或是提高，都是行之有效的方法。

(5) 计划要具有灵活性

计划安排一般要有具体明确的要求和量化指标，以便于执行和检查；同时也不能过于呆板，没有任何灵活变通。一方面要紧凑，不浪费时间；另一方面也不能好高骛远，排得过满、过紧。要留有余地，排出机动时间，保持一定的弹性和保险系数，以便于应付偶然情况。

虽说计划要有灵活性，但原则上必须采取不能变更的态度。因为要想养成习惯，原则上就不能有例外的事情。如果老是例外，那是不可能养成习惯的。我们主张：先订出不超过实际的计划；计划一旦订立，就尽量不要变更。

(6) 长计划和短计划相结合

长计划是明确学习目标大致的安排；短计划则是具体的行动计划。科学研究表明：将目标和任务明细化，有利于目标的实现和任务的完成。这就是长计划要和短计划相结合的原因。

有一名高中学生，化学成绩一直不好，原因是初中的化学没学好，他下决心要把初中化学补上。为此，他制订出如下补习计划：利用两个月的时间完成初中化学知识的系统补习；每天在完成各科学习任务的同时，安排一个小时的化学补习时间。他将初中化学共八章的内容分配到八个星期去完成，平均每周完成一章内容。而在每周的开始，又把每章的各节内容大致地分到每一天，使每天完成的内容很具体。这样一来，自己在每天课余时间应该完成的补习任务十分明确，计划学习的时间一到，立即进行有关内容的补习。两个月以后，他的化学成绩果然提高了。

温馨提示：

中学生制订学习计划时切不可盲目，既要考虑全面，突出重点内容，又要有灵活性和科学性。

◆ 根据自身的特点制订学习计划

虽然生物钟节律控制着每个人的生命周期，但每个人又各有其特殊的个体特点，有其自身的最佳时间。一天中，有的中学生喜欢早起，属于“百灵鸟”型，早晨背得快，解题思路也敏捷，早晨一小时，比晚上两小时做的事还多；有的中学生喜欢秉烛夜战，属于“猫头鹰”型，晚上背东西特别快，你让他起早，他情绪就不高，起来以后头昏脑涨，背一小时，还赶不上晚间背20分钟。

每个中学生最佳时间，即精力最旺盛、思维最敏捷、情绪最高涨的时间段是不一样的，因此要根据自己的实际，找准自己每天的最佳时间，据此制订符合自身特点的学习计划，在自己精力最旺盛的时间里安排较多的学习任务，安排最艰深、最困难的学习内容，这样才能真正提高时间的利用效率。

上海某中学有一名女同学叫李楠，初中毕业后只用了3个月时间，就在教师的指导下，自学了高中阶段的主要课程，而且以优异的成绩考上了清华大学。

李楠是如何利用时间的呢？她说：

“提高时间利用效率的诀窍有两个，一是集中精力，二是合理安排时间。所谓集中精力，就是学习时，要特别专心，把注意力统统放在学习、钻研的问题上，而将其他无关的东西统统赶走。否则，看样子你也在看书，实际上心不在焉，结果什么收获也没有，那怎么会有效率呢？合理安排时间，也可以出效率……

“一天中、早饭前，我背背公式，想想定理，把中心问题、章节要点看看。上午一般看教科书、参考书。下午做题，到四、五点钟时，找一些综合性的、难度较大的题做。累了，看看别的内容，换换脑筋。晚上，再看书。我是该学习就学习，该玩就玩，该看电视就看电视，该锻炼身体就锻炼身体，精力充沛，记忆力好，学习效果好。合理地掌握最佳学习时间，安排学习、休息、娱乐、锻炼对自学太重要了。”

抓住最佳时间，增大学习量就能创造奇迹。

温馨提示：

一天学习的最佳时间是自己记忆的生物节律高潮时间。这一段时间，思维活跃，记东西快，应多安排学习任务。

◆ 因科而异：制订各学科计划

有些中学生面对众多学科，碰碰这科，摸摸那科，分不清主次轻重，更不会根据自己各学科的强弱及时调整学习计划，从而使学习陷入无效和无序状态。因此，在制订分科学习计划时，要注意以下几点：

- 根据各学科进度及特点，制订全学期学习的总目标和时间安排。
- 根据自身优势和劣势，制订各科学习的具体措施和时间安排。
- 要重视基础学科的学习，例如中学的语文和数学。因为学好基础学科是学好其他学科的基础。
- 既要有重点，又不能偏科。

学科的重点指的是三个方面：一是主要学科（如中学的政治、语文、数学、外语、物理、化学）；二是在某一学习阶段，主要学科中学得比较差的学科；三是某一学习阶段，非主要学科中学得比较差的学科。

防止偏科是因为各门功课的知识是相互联系、相互影响的，偏废了哪一门学科都必然影响学习质量和学习能力的全面提高。不偏科绝不是说要平均使用学习时间和精力。在总的学习过程中，一方面应把主要的时间和精力用在主要学科上，特别是用在主要学科中的薄弱学科上；另一方面也应抽出部分时间和精力用在其他学科上。要从各学科学习的实际情况出发，合理地分配时间和精力，使各学科都能得到它应得到的学习时间和精力。

偏科是中学生在学习中存在的普遍现象。因此，中学生需根据各个学科的不同成绩制订不同学科的学习计划。

温馨提示：

各门学科都具有自身的特点、规律，中学生只有根据自身的情况，“因科制宜”制订不同学科的学习计划，才能各个击破。

◆ 周而复始:制订一周计划

一周时间，不长，也不算太短。制订一个好的周学习计划，并出色地完成它，会使你信心倍增，找到一个新的学习起点。因此，在执行总的学习计划过程中，还要制订周计划。下面就具体谈谈周计划的制订方法:

(1) 统计非学习的活动以及这些活动所占用的时间总量

中学生非学习的活动有吃饭、睡觉、家务及其他活动等。由于时间冲突，不再用于学习的时间。周六、周日晚上或其他一些时间，很有可能用于社交或娱乐活动。从自我管理的角度来看，这个步骤非常重要，你不会心甘情愿让自己学习。因此，不要把这些时间安排在学习上，学习之外的诱惑力肯定会占上风。

(2) 计划可用于学习的时间及其分配

把计算出的学习时间量分散到一周的每一天当中去，安排在适当的学习时间里，并列出每星期活动及学习时间表。在安排时注意以下几个问题:

- 确定一天之内哪段时间你的感觉最好，大脑最敏捷，将这段时间用在学习上。

- 连续学习超过2小时应安排半小时的休息时间。研究表明:人们采用工作—休息—工作的方式比工作—工作—工作的方式效率更高。

- 努力做到课后马上安排复习，因为这段时间很特殊，你的思路仍然围绕在这个科目上，上课的内容你还很清晰，解释和例子还记忆犹新。这是学习效果最佳的黄金时间，你必须抓住这段时间学习和做作业，尤其是数学和理化作业，这时公式和技巧很容易记住并易于应用，理解力和记忆力也能得到加强。

- 检查。制作并使用下面这张自我督促表，并把这张表贴在墙上或夹在笔记本里，至少应保存3个星期。

日期	计划学习时间	实际学习时间	自我评价

温馨提示：

中学生在制订一周计划时，尽量不要把时间安排得过满，这样既不利于休息；也不容易做到。从而失去了计划的意义。

◆ 不休一日：把握好双休日至关重要

很多初中生都盼望双休日，认为这两天终于可以痛痛快快地去玩了。但在那些优秀的学生看来，双休日恰恰是提高自己学习的有利时机。江苏省连云港市2007年中考状元孙艺瀚同学说："有的同学把学习当成享受，他们觉得双休日可以全由自己来支配，一天效率是平时上学的2倍，这样一来，每年生命便延长到了469天。而不善利用时间的同学呢，这两天懒惰下来，周一还要重新鼓劲，一年生命还不到261天。可见，把握好双休日，对我们来说是至关重要的。"

我国实行双休日后，无疑给中学生创造了更广泛的、可自己支配的空间，每年52个双休日就是104天时间，这是一个不小的数目。如果把这些时间统统都玩掉的话，那是十分可惜的。因为一个人的生命是有限的，我们应抓紧人生中吸收知识的最佳时机，多学知识、学好知识，为将来走向社会打下一个坚实的基础。所以，制订一个双休日的学习计划是十分必要的。

比较可行又有益处的过双休日的办法还是以学习为主，但不一定以学习课堂知识为主。有的专家认为，平时课堂知识没有学好的同学，应以复习课堂知识为主制订学习计划，其他同学则应以阅读课外知识性读物为主，适当地辅以课内重点内容的复习。一般来说，双休日两天，总共安排的学习时间以 8 ~ 10 小时为宜。其他时间，可根据自身的环境和条件，如到野外放风筝、游园、打羽毛球、滑旱冰。还可以在家里搞一搞家庭读书报告会、诗歌朗诵会、卡拉 OK 演唱会、猜谜晚会等，过一个融知识性、趣味性、科学性于一体的双休日。

下面是一位同学制订的双休日作息时间表：

6：50—6：55　起床，收拾房间

7：00—7：30　早饭，家务

7：30—8：00　听音乐

8：00—11：30　自学数、理、化各 60 分钟，每学一科，安排 15 分钟休息

11：30—14：00　午休，娱乐看午间新闻

14：00—17：00　自学语文、英语各 50 分钟，中间休息两次各 20 分钟，其余 60 分钟各科目机动

17：00—18：30　放松，健身，家务

18：30—19：00　晚饭

19：00—19：30　看电视新闻

19：30—21：30　做自己感兴趣的事，看课外书，下棋，组织家庭娱乐晚会

这样的安排，比往常起得晚，学得轻松，玩得也开心。

温馨提示：

对中学生来说，双休日既是休息、娱乐的日子，同时也是学习

的大好时机。如何既玩好，休息好，而且还能学好，这就需要你的合理安排了。

◆ 善于进行有效的时间管理

高效的学习需要有效地利用时间，而时间的充分利用则依靠科学的时间管理。中学生掌握了时间管理的正确步骤和基本要则，不仅可以提高学习计划统筹能力，同时也大大提高了学习效率。

中学生要进行有效的时间管理，需要注意 4 大原则进行 4 个步骤。

（1）时间管理的 4 大原则

除了以上基本步骤外，中学生在进行时间管理时还必须注意以下 4 大原则。

①10/90 原则。中学生常常感到上课的 45 分钟里，大约只有 5 分钟时间接受了新知识，但实际上要听 45 分钟课。这就表明，中学生能够全神贯注地听好这 5 分钟，就把握了这一堂课的精髓。提前预习一下，就可以知道将学的重点、难点，听课时才能做到积极思考。有的中学生一上课就走神，记笔记是一个防止走神的方法，当你专注于某件事情时，你就很难去想别的事情了。

②了解自己的日生理周期。有的中学生喜欢早起背书；有的喜欢学到深夜；有的喜欢上午做数学题，认为头脑清醒，思路清晰；有的喜欢中午做数学题，认为数学可以让人集中精力，而中午的时候常常使人烦躁。中学生的生理习惯不同，所采取的学习计划就应该有所区别。

③谨记帕金森定律。先说一种现象：在考试的 2 个小时中，一套难度适中的卷子，中学生一定可以完成，但老师布置成家庭作业的那些试卷却不能够在 2 个小时内做完。为什么呢？是不是老师布

置的作业太难了？不是，因为在课后，中学生可以有 2 个半小时，甚至3 个小时时间去完成这张试卷。一旦时间充裕了，思维的速度就慢了。同时，对自己的怀疑程度加大了，就连 1 +1 这样简单的问题还要犹豫一下。在考场上，时间是明确规定的，后果也是确定的，如果考得好会怎么样，考不好又将是怎么样的，自己心中非常清楚，自然精力就集中了。帕金森定律指出：工作会自动地膨胀占满所有可用的时间。现在，你是否明白你在书桌前坐了一整天还没做完作业而有的同学已经在球场上踢球了？为什么有的同学天天都轻轻松松的？

④把不重要的事集中起来做。有时候，有的人会抽出整整一下午的时间，给好朋友写信，给家人、老同学打电话，去超市买日用品，这样做的好处就是不会把整块整块的时间分割开，而且在做某件重要事情时不会被不重要的小事打断。把不重要的事集中起来做可以省出更多有效的时间。

（2）时间管理的 4 个步骤

①列出自己的目标。这里所说的目标是指中学生心甘情愿的，认为付出多大代价都不过分的目的。有的中学生今天看了个时装表演，认为设计服饰很有意思，就想当服装设计师；明天看了痞子蔡的《第一次亲密接触》，觉得写网络小说也是很不错的职业；后天听了周杰伦的歌，就打算组建个乐队。这些都不叫目标，目标是长久的，是当各种各样的诱惑来临时自己还能坚持不懈为之奋斗的东西。

②按照重要性排出目标的次序。并不是所有的目标都同等重要。在一定的时间里，中学生要保证最重要的目标有最高的优先级，有最充足的时间。可将目标分为：重要性。A. 非常重要，必须做。B. 重要，应该做。C. 不太重要，不是非做不可。D. 不重要，没什么效果；紧迫性。A. 非常紧急，必须马上做。B. 紧急，应当做。C. 不紧急，推迟一段时间做也行。D. 时间不作为考虑的因素。这样一排序，形势就明朗多了，先做 A、B，少做 C，尽量不做 D，A、B 如果多了，C、D 就自然少了。

③引出实现自己的目标必须进行的活动。对于每一个目标，给

实现目标所需进行的各种活动分派优先级，这在面对很复杂的事情时是极有帮助的。

④付诸行动。任何再完美的计划如果不付诸行动就等于什么也没做。从现在就开始做，不要给自己找任何借口将今天应该而且有能力做的事推到明天。

以上就是中学生管理好自己的时间的基本步骤。还可以自己准备一个台历，每一页旁边都留有空的那种，把自己每天要做的事写在上面，随时提醒自己。

温馨提示：

中学生要学会在学习中有效地利用时间，就要掌握管理时间的有效方法。

◆ 执行计划既要有原则，又要有灵活性

所谓执行计划的灵活性，是指在执行计划过程中，既要按照既定目标、步骤，严格执行，切实保障计划的实现，同时又要根据计划实行过程中出现的影响计划完成的情况，及时调整计划，随机应变，以期更好地执行和实现计划的既定目标。

把计划变成现实，需要一个过程。在这个过程中，主客观情况千变万化，计划订得再实际，也会有估计不到的情况。例如，对新学知识的难度估计不足，某一阶段集体活动太多，占用了不少时间，等等。所以，为了保证计划的实现，订计划时不要太满、太死、太紧，要留出机动的时间，使计划有一定的弹性和可变性。否则，就颠倒了主次关系，由计划应为人服务变成了人为计划服务。但是另

一方面，订出切实可行的计划之后就必须坚决落实，不能轻易地大修大改，更不能随意废弃。

因此，为了保证学习计划的更好落实，必须注意以下几个问题：

（1）订计划要适当

所谓计划适当，是指计划目标不能订得太高，也不能订得太低。订得太高，尽了最大努力也难以达到或根本不能达到，容易失去前进的信心。订得太低，不需要什么努力就可以实现，也就失去了计划的目的。因此，计划指标应订到经过自己的努力可以实现的程度上。这就要求计划必须切合实际。这里的“实际”包括：知识和能力的实际，是指每个阶段究竟能够接受、消化多少知识，能够着重培养哪些能力。时间的实际，指在每个阶段，除去吃饭、睡眠、娱乐、休息、锻炼外究竟有多少时间能用于学习。个人学习水平的实际、教学进度的实际等。个人计划不能脱离老师教学的进度。

（2）要正确处理“一线”和“二线”的关系

计划中的“一线”，主要指那些常规学习活动，如预习、听讲、复习、作业等，目的是完成老师布置的学习任务，消化所学知识。规划中的“二线”，指自己安排的学习活动，目的是提高深造，如参加课外学习小组等。

“一线”是“二线”的基础，“一线”抓得好，就可以腾出更多的时间去抓“二线”。在“一线”学习中，要特别注意抓住重点。所谓重点，一是自己学习中的弱科，或学习中知识、能力的某些薄弱环节。二是知识体系中的重点。“二线”任务如果完成得好，可以使自己的学习优势或特长进一步发展起来，学习的自由度就会逐渐增大，主动的学习局面就有可能形成。这是高水平计划应该具有的内容。

（3）及时修订不切实际的计划

在执行学习计划过程中，如果计划不现实，或你的活动和应尽的职责有所变动，修改计划是必要的。因为这是你的计划，所以应该让计划适合你，为你服务。

（4）制订的计划应充当向导

严格执行学习计划，对培养你在固定的一段时间里学习的习惯是极其有益的。与此同时，你应该保留一些灵活性。如果在计划安排之外，你还有学习的愿望，或者有些内容必须学习，那么你就得增加学习时间。

还有，落实计划还要有顽强刻苦的精神，要成就一番事业不经过艰苦奋斗是不行的。

如果一个人没有顽强的精神和坚强的意志，再好的学习规划也是没有意义的。

温馨提示：

学如逆水行舟，不进则退。学习过程会出现两种疲劳，一种是体力上的疲劳，这可以通过锻炼身体、合理安排学习时间解决；一种是心理上的疲劳，这种疲劳必须用意志来克服。

◆ 第三章 ◆

不依赖老师的功课自学能力

学生自觉主动地学习，培养较强的自学能力，是培养能够在未来社会的竞争中立于不败之地人才的关键。

世界的未来将属于这样的英才：在学习上能够自觉主动的人。优秀中学生一个共同的特点就是自学能力强。自学检验的是中学生的自控能力。然而，一旦缺乏自觉主动的求知欲，中学生在自学中就会放松要求，将就凑合。缺乏自主学习的正确方法，自学中就会不求质量，效果不佳。所以，中学生学习好的关键在于培养不依赖老师的自学能力。

一、自学能力：学习成功的关键

自学是在不受外界任何压力影响的自己主动学习，有一种学习热情做支撑。自学能发挥主观能动性，发挥学习的积极性，还能考验中学生的耐心与恒心，是学习成功的关键。所以，中学生必须努力提高自学能力。这对于中学生的学习和将来的工作都大有裨益。

◆ 自学能力是成功者必备的素质

自学能力，就是不依赖别人，或主要不依赖别人，通过自己的独立学习而获得各种知识的一种能力。或者说，是通过自己的独立学习而使自己成为人才的一种基本能力。它是自主学习的关键所在。

一个人的自学能力越强，就越能够尽快掌握全新的学习知识。对于中学生来说，就表现为学习成绩越优秀。自学能力在一定程度上也决定着一个人未来事业的成败。

在人的大脑中，蕴藏着巨大的学习潜能，激活大脑的潜能便能获得强大的学习能力。自学能力是人获取知识的利器，是人生成功的基石。

学习是人类生存和发展的根本。在人类起源及发展的初期，仅凭动物的本能，人类的祖先就可以简单地生存下去。然而，在今天这样一个发达的科技化、信息化的时代，可以说，不学习就根本无法得以生存。今天，学习的内容也比以往任何一个时代更加丰富、更加复杂。只要青少年具有自学能力，学会学习、善于学习，一切问题就可以迎刃而解。只要学会学习、善于学习，在面对纷繁复杂的现代知识时，学得就快，掌握得就牢。毫不夸张地说，自学能力是“元能力”，是一切能力之母；学习成功是“元成功”，是一切成功之母。

成功，并不是战胜别人，而是战胜自己。一个人唯一能够改变的就是自己，而改变自己的唯一途径就是努力地学习，通过学习改造内在的品性与能力，从而改变外在的处境与地位。只有战胜自己的人，才是最伟大的胜利者、成功者。“欲胜人者必先自胜。”一个不注重学习、对学习新知识马马虎虎的中学生，成绩落后是必然的。那么怎样才能更好、更快地学习新的知识，怎样才能战胜自我呢？答案很简单，那就是充分运用你的自学能力。中学生只有不断运用学习能力，才能达到持续更新、持续发展、与时俱进的境界。

虽然自学能力与一个人的学历有一定关系，但是，二者并不是一回事。有的人高中毕业，但是却基本上没有自学能力。还有的人虽然已经大学毕业，但是依然缺乏自学能力。有的小学生却初步掌握了自学能力。还有的人根本没有上过学，他们不仅通过自学而获得了自学能力，而且通过勤奋自学成为对社会有用的人才。

如果把自学能力和学历相比，二者哪一个对成才的意义更大呢？很明显，是前者。据教育专家统计分析得出，一个中学生如果基本上掌握了自学的方法，那么，如果不出现意外情况，他几乎肯定能成为一个人才，甚至一个优秀人才。可是，一个大学毕业生如果基本上不具备自学能力，那么，一般说来，他成不了人才，更成不了优秀人才。可见，自学能力对于一个人成为人才，具有多么重大的意义。

然而，自学能力并不是自己看书看出来的。“以看为主”的学习方法永远也获得不了自学能力。只有“以思为主”的学习方法，才能培养出较强的自学能力。说得更明白一些，自学能力不是“看”来的，而是“思”来的。换言之，自学能力不是通过记忆达到的，而是通过思考达到的。据有关统计，一般科技人才，他们的知识只有20%是在学校学得的，而80%则是后来自学的。应当说，这从一个侧面说明了自学的重要性。

然而，自学并不光是学知识，而是学习和提高才能。即使在学生时期，有自学能力的中学生，往往是在课堂以外获得更多的知识、更多的才能。

在知识经济时代，竞争日趋激烈，信息瞬息万变，事业成败可能只是一夜之间的事情。在如此激烈的竞争中，中学生只有提高自己的自学能力并不断学习、善于学习，才能提高自身素质，才能不断获得新信息、新机遇，才能够获得成功。

自学能力不仅决定着个人的成长、事业的成败，而且推动着国家的进步、社会的发展。一个国家要成为热爱学习、善于学习的学习型国家，使整个民族成为热爱学习、善于学习的学习型民族，只有如此，这样的国家、民族才能在激烈的国际竞争中立于不败之地。

中学生只有充分运用自学能力，才能迅速地成长进步。总之，自学能力是中学生成长成才最根本、最通用的“成功大法”，中学生自学能力的提高是其成功之母。

温馨提示：

只要真正灵活地掌握一整套科学的自学方法，那就拥有自学能力。

◆ 优秀中学生都有很强的自学能力

有很多初中生总是抱怨学习时间不够用，感觉自己几乎把所有时间都用在了学习上，但效果仍然不佳。究其根源，这主要还是和没有掌握学习中的技巧有关。其实，在听课、记笔记、背诵、做题等过程中，都可以采取一些技巧用最短的时间来达到最理想的效果。

（1）细节一："不求甚解"冷藏法

在我们的学习过程中，随着不断地接触新知识、新情况，毫无例外地会产生各种各样的疑问。学习过程中遇到疑问时一般有三种处理方式：一是自己加以思索，得以解答；二是自己无法解决，请教师长、同学，查阅书本资料，加以解决；三是自己思索并请教别人后，仍是不甚了了。

我们在学习中，常常会遇到上述第三种情况，颇为棘手。弃之不顾，当然不可取。死钻牛角尖，则意味着要花费大量时间，也不明智。怎么办？实在解答不出，就把疑问暂时"冷藏"起来，不要妨碍自己对新知识的学习。

不过，这个"不求甚解"的"冷藏"法要有几个前提条件加以保证方才有效。第一，与做好预复习工作、认真听讲、记好笔记这些常规学习方法密不可分，因为这是学习和掌握知识的基本保证。离开这个基础，连能否学会知识都成了疑问，还谈什么解决学习过程中的疑问呢？第二要勤于思考，善于思考。勤于思考，才会有疑问的产生和解决，才会有知识的掌握和巩固。善于思考，要讲究思考的方法问题。我们学习的知识，是一个统一的体系，前后左右紧密联系，不但前后知识之间能互相启发，而且有时不同学科的知识也能互相启迪。我们在思考问题时，不能孤立地停留在某一知识点上，要扩展思维，联系更多的知识去帮助思索。这样才能使知识融会贯通，学以致用。

（2）细节二：讲例题时可以时听时不听

当老师在讲课本或复习资料上的例题时，不妨时听时不听。这也是一个节省时间的好方法。那么，什么时候听，什么时候不听，这就有讲究了。2000年内蒙古高考文科状元郝睿禧对此有独到的见解，她说：

"中学生学理化时，老师肯定要讲课本或相关资料上的例题。我当时的做法是，听课时先老师一步，开始自己做例题（比如提前一道题）。一边做一边听老师讲课。如果老师的解题方法与自己相仿，就不听了，继续埋头往下做题。如果老师的解题方法与自己不同，就停下来听一听，并可以将老师的方法记在课本或资料的相关处。这样‘时听时不听’，使得上课时始终保持紧张、兴奋的状态，不至于如其他同学一样，听着听着就烦了。”

郝睿禧同学这一方法的优点，是极大地调节了听课时的情绪，使得听课变成一种与老师的解题思路竞争、与时间赛跑的兴趣盎然的事情。不过，正如这位同学自己说的，“这种‘时听时不听’的方法不适合于文科学科。语文、英语、历史、政治这些知识面广、知识点多、内容丰富而庞杂的科目，更需要在课堂上听老师讲授。也许老师一句简单的话带过去的，就是一个重要的知识点，所以切不能忽视听课。另外，理科复习越到综合阶段，越需要听课，因为综合题有好多巧妙的解法老师要讲，这种关键时期如果时听时不听，可就吃了大亏了。”

我们说学习时要紧跟老师的思路，但并不是指要完全被老师牵着鼻子走，应根据自己的实际情况，如果老师所讲的例题已经掌握，就可以趁此机会做点别的题。这样一来，学习时间无形中就得到了增加。

可见，上课时“时听时不听”并不完全是件坏事，如果用得好，它就会成为你高效利用时间的一种非常手段。

（3）细节三：笔记并不是越详细越好

课堂笔记对学生的学习确实有很大的用处，但这并不意味着所有的笔记都是越详细越好，在某种情况下，少记甚至不记笔记还是高效利用时间的好办法。2002 年考入清华大学材料科学与工程系的马文军同学说：“上课时，我始终坚持一个原则：少记甚至不记笔记（当然英语、语文课除外），因为数理化这些课需要思维跟着老师走，不能开小差。我认为记笔记就是开小差，有时记笔记时突然一小点内容没听到，或许正是这点影响了自己对某道题的理解。因此上课时听懂老师所讲的内容就行了，回去后回忆上课的内容，自己在草稿纸上把题目推一遍，以此检验自己对题目的掌握度。实践证明这种方法是很好的。”

所以说，记笔记要有选择地记，不要把上课听到的、教师的板书统统记下来，因为上课时主要精力要用于参与讨论，认真听讲，积极思索。对于教师强调的重要问题、容易搞错的地方、富有启发性的举例、重要的板书等要记录下来，供课后进一步思考和复习用。

那么，哪些材料可以不记呢？例如，课本上有的内容可以不记。因为复习时总是把课本、笔记本和练习本结合起来用的。上课自己容易听懂的材料可以不记，因为这些材料对促进自己的思索并没有用。太复杂的实验装置和实验过程可以不记，因为这些不可能完整地记下来，而且实验的时间通常很短，机会难得，自己应集中精力观察和思考。

（4）细节四：别被老师牵着鼻子走

这里要强调的是，对那些学有余力的同学来说，要学会自我学习，不要被老师牵着鼻子走。2002 年考入清华大学的潘丽丽同学说：“老师是在给至少 50 名学生授课，而不是专门为你量体裁衣，所以老师讲的内容肯定不是完全适应于你的。我在高三的数学课上就遇到这个问题：那时我是班里数学科代表，数学成绩高出全班平均水平一大截。数学老师是根据大家平均水平讲课的，所以他上课讲的很多题目对我来说一点难度也没有。如果在这种情况下他说什么我照听不误，岂不是既浪费时间又妨碍自己水平提高？于是我上课时要是觉得老师讲的东西太简单，就自己做其他题目去了，下课马上去找老师解决上课时没有弄懂的难题。这样做一举两得：既能有效利用上课时间，又能提高自己水平，何乐而不为？”

也就是说，在有余力的情况下，要鼓励自己敢于抛开老师自学。潘丽丽同学专门总结了一个自学的三部曲，非常值得同学们借鉴。

①将课本上的知识点整理出来，当然，这是在预习课本的基础上进行的，找出重点及难点，对课本上的概念、定理、定律仔细琢

磨分析，找出其成立所需的条件，它的意义亦即用途，可以解决哪些相关的题目，这些都要结合一定的习题来训练。

②将自己不懂的问题记下来，拿去跟老师讲的对照，检查自己思维的严密性。

③将老师的解答经过归纳后记录下来，但不必老师讲的每一句话、每一个字都记，只记那些自己思路不清的地方就可以了。

（5）细节五：充分利用身边的资源

对于学习任务重、时间紧的中学生来说，学会充分利用身边的资源也是节省时间、提高学习效率的一个好方法。2002 年浙江省理科高考状元刘英豪同学说："在我的班级中，没有人能够独立应付所有学科的学习，平时遇到不懂的问题是常有的事，于是，互相请教便成了家常便饭。没有人以向他人请教为耻。大家在互相请教中成了好朋友。平时，志同道合的朋友便会在一起讨论同一个话题。在遇到较多难题时，光是一个人独立思考，有时时间是不够用的，我们几个常采用分工合作的方法。每人解决几题，然后告诉其他同学。我个人觉得这种方式对我的学习有很大帮助，使我了解了不少其他同学的新颖思路，而且事半功倍。在空闲时，我们常找些题互相考，遇到新奇的题目也一定会挑出来共享。可以说，充分地利用了资源，发挥了各人的长处。正是在这样一个融洽的环境中，我们的成绩才会大大提高。"

所以说，"学问学问"，就是既要自己学习，又要向其他人请教。学习过程中与他人的交流是十分重要的。在学习遇到困难的时候我们既应该找老师帮忙，又应该与同学进行讨论。我们既应该向比我们学习好的同学请教，也应该与学习不如我们的同学交流。

为什么说学习中与他人的交流是重要的呢？因为一个人的思维容易陷入习惯定式，这很容易使人"钻牛角尖"。而与他人交流、讨论、辩论，可以互相启迪心智，从多角度分析、处理一个问题，这样对于培养人严密发散的思维能力是十分有好处的。试想，你是否遇到过如下的情景：碰到一道数学难题，不同同学的解题思路不同，即使你用自己的常规方法能够把题目做出来，但也许这种方法是最烦琐的，其他同学可能会发现更简便的做法。再比如，对于同一个作文题目，不同的同学会有不同的谋篇策略、不同的论点、不同的论据、不同的写作方式，如果大家能够坐下来共同讨论，那么每个人的写作能力都会有很大的提高。

温馨提示：

中学生在自学中，虽然有些方法看似在“偷懒”，如在做作业时“偷工减料”，已经掌握的知识点不再重复练习；有些方法看似属于细枝末节，如把问题集中起来问，等等，但这些方法能有效地防止你做无用功。

二、自学的多种表现形式

时间是公正的，在时间面前人人平等。中学生成功自学的关键就是要把握好自学时间。爱时间就是爱生命，爱生命的每一部分。

方法是捷径，它促使中学生会学巧学，活学活用，提高课内外学习效率，达到事半功倍。

自学的形式有多种，中学生要尽量掌握多种自学方法，以尽快提高自学能力，从而取得出人意料的好成绩。

◆ 课前预习是自学的一种重要方式

好的预习是听课成功的一半。有了好的课前预习就等于掌握了课堂学习的主动权，可以提高课堂学习的效率，加深对所学知识的理解，培养自学能力。因此说，课前预习是自学的一种重要方式。

所谓“预习”，就是在老师讲课之前，自己预先学习。

预习最大的好处是有助于形成学习的良性循环。预习使学习活动变得积极主动，站在主动进攻位置上的人当然容易打胜仗。

预习是培养自学能力的一个重要方法。自学能力就是独立学习、独立获取知识和更新知识的能力。一个人为什么要有自学能力呢？首先，自学能力直接影响我们的学习质量。如，在老师让同学们自己阅读教材回答问题时，我们就会发现，有些同学阅读的速度快，对所阅读的内容分析概括得既准确又全面。有些同学则不然，不仅阅读速度慢，而且回答问题时抓不住要领。前者是有自学能力的同学，他们的学习速度快，掌握知识所用的时间短，学习质量高。后者则是不具备自学能力的同学，结果恰恰相反。其次，在中学生的学习过程中，既包括以老师传授讲解为主的上课环节，也包括课前预习、课后复习、作业、阶段复习等以学生自学为主的环节。因此，中学生在校学习虽然不以自学为主，但是自学是中学生学习中不可缺少的一部分。自学能力直接影响着预习、课后复习、作业、阶段复习等学习环节的质量。因此，中学生要提高学习质量，必须提高预习这一自学能力。

有了自学能力，就像船儿挂上了风帆，可以在浩瀚的知识海洋中自由自在地遨游；就能够适应科学技术的迅速发展，立身于社会，为人类做出贡献。

一位优秀的中学生说，预习是“合理”抢跑，一开始就“抢跑”领先，争取了主动权，当然容易取胜。

学习主动，自学能力强，走在前面，心情好，智力好，于是成绩好；成绩好了，学习更主动，智力更好，学习兴趣更浓，成绩更好，良性循环链便形成了。

不预习，某些内容可能听不懂，一个地方卡住，别的地方可能感到茫然，课后作业困难大、错误多，学习被动，成绩不好。成绩越不好，越没时间或不愿预习，上课越没劲，作业越困难，自学能力越差，成绩越差，恶性循环链便会形成。

中学阶段学习的常用环节可以归纳为预习—上课—复习—作业—系统复习五个环节。学习被动的同学，往往是由于上课听不懂，而上课听不懂的直接原因是课前不预习。因为学习中缺少预习这一基础环节，上课这一中心环节的质量常常受到影响。上课效果差，又涉及复习、作业等环节，使中学生的学习陷入被动局面。

我们常常看到这样一些同学，他们学习很努力，一天到晚忙忙碌碌，有做不完的作业、改不尽的错题，时间总是不够用，学习成绩却总是不理想。那么，如何改变这种被动的局面呢？办法只有一个，变被动为主动，变不良循环为良性循环，首先就要抓课前预习这一自学能力。

越是时间紧，越要抽出一定的时间预习。通过预习避免无效的活动，通过预习赢得学习的时间，通过预习扭转被动的、苦恼的、倒退的学习过程的恶性循环。

越是上课听不懂，越要抽出一定的时间来预习。因为，上课听不懂，说明知识上有“欠债”。预习是“还债”的最好办法。知识上“欠债”多的同学很苦恼，往往感到“还债”无从下手，茫然不知所措，而失去自信心。请你不要灰心，更不要焦急，改进自己的学习方法从课前预习做起。因为预习复习了与新课相关的旧知识，这就为“还债”的同学提供了切入点。此外，预习就是为了上好新课，所以用这种方式“还债”的目的性、动力性很强。长期坚持预习的过程，对后进学生而言就是一个不断地偿还“债务”的过程，也是一个由后进到先进的渐变过程。因此，完整的学习过程：预习—上课—复习—作业—系统复习，是一个主动的、超前的、愉快的良性循环。所以学习后进的中学生，要想改变被动的局面，就要从预习做起，可根据自己的情况，先选择一两门学习最困难的学科进行预习。

总之，预习不只为现在在学校的学习服务，而且为今后独立自学服务。

温馨提示：

如果把课堂学习比作建一座高楼的话，预习则是为高楼打地基，并通过这个打地基工作把新旧知识有机地联系起来。中学生一定要把打地基的工作做到实处。

◆ 课后认真总结：自学能力的重要体现

捷克教育家夸美纽斯形象地比喻：课后不及时进行小结犹如把水泼到一个筛子里一样。课后2分钟迅速地把当堂内容“过一遍电影”，胜过半月后一天的复习。所以，中学生在课后及时认真总结非常重要，这是自学能力的重要体现。

（1）课后“黄金2分钟”

每次课后用2分钟将上课内容“过电影”回忆一遍，这对巩固课堂知识非常重要。45分钟一个课时，随后休息10分钟，这就给学生课后及时“过电影”回忆所学内容提供了时间和可能。但在现实中，大多数学生都没重视或忽视了这个环节。其实，每次课后只要用2分钟将所学内容回忆一遍就可及时了解自己对课程的掌握程度，回忆不出的可及时翻书或问老师和同学，这样就巩固了所学内容。所以切不可忽视“课后2分钟”，这2分钟被称为“黄金2分钟”，对提高单科学习效率非常有用。

（2）善于课后小结

学完一节课，要及时总结。要知道这节课的学习重点是什么，都掌握了哪些知识点，还有哪几点比较模糊。这样一来，记忆得到了强化，不清楚的地方也可以及时想办法补救。

人的记忆分为瞬时记忆、短时记忆、长时记忆三种。第一种只能保持一两秒钟；第二种能保持一两分钟，如果不是有意识地去记，很快就会忘记；第三种保持时间相对较长，甚至积年累月。要由短时记忆转化为长时记忆，就需要重复。重复要在遗忘之前，将忘未忘之时才最有效。课后总结，就是有效重复的一种方式。

原北京清华附中的刘湘文同学十分重视每节课后的概括小结。比如，他在学了“化钝角三角函数为锐角三角函数”一节后，做了这样的小结：“钝角三角函数的定义与锐角三角函数的定义方法是一样的，所不同的是钝角的终边在第二象限。因此，它的三角函数的符号与锐角三角函数的符号有所不同。在解法上要注意已知正弦值求角时，可能出现的两个解的情况。”这样，他通过新旧知识的联系，就把钝角三角函数这一新知识挂到了三角函数这个知识树上，一节课后，及时小结，知识结构树就越来越繁茂。

课后总结的主要任务是对本节课所学内容进行及时复习，概括出本节课所学知识要点，并将它当作枝叶或果实，放到知识结构这棵树上。

温馨提示：

记忆的规律告诉我们，零散的知识容易遗忘，将零零散散的知识，设法按内在规律组织在一个知识结构内，就不容易忘了。

◆ 做好作业就是提高自学能力的表现

一个学生从小学到中学毕业，究竟做过多少作业，似乎没有人统计过。如果统计一下的话，那一定是个惊人的数字。例如，仅中学数学一科，书上的习题就有4，737道之多。尽管做了那么多作业，但仍然有相当一部分学生，至今还不清楚做作业的真正目的。事实上，中学生将作业做好就是提高自学能力的表现。

例如，有的中学生做作业只是为了应付老师和家长，有的则只是为了逃避批评或图个表扬，这些学生做作业只是为了完成任务的动机很强。经常可以看到，有的学生一下课就拼命赶做作业，做不出来时，就手忙脚乱地查书，查不到心里就烦，甚至发脾气。有的则干脆抄袭别人的作业，而更多的则是与同学对答案。他们的共同特点是急于求成。

如果一个中学生没有认识到做作业是掌握知识的必要环节或重要手段，那么，他就很容易把做作业看成是应付家长和老师而不得不进行的苦差事，因而处于被动地位。这种被迫性的学习，很难收到好的学习效果，更不用说从中得到什么乐趣了。所以，不认真对待做作业的中学生一定要转变观念，要认识到做作业是对课堂学习知识的检验和巩固。通过作业练习，中学生不仅能够掌握所学知识，而且还能够发展技能，提高思维能力和自学能力。

做作业是一种重要的自学形式，通过做作业，可以达到以下学习效果。

(1) 及时检查学习的效果

经过预习、上课、课后复习，知识究竟有没有领会、有没有记住，记到什么程度，知识能否应用，应用的能力有多强等学习效果问题，单凭自我感受是不准确的。真正懂没懂、记住没记住、会不会应用，中学生要在做作业时通过对知识的应用才能得到及时的检验。

如果作业做得很顺利，那么，在一定程度上可以说明这一部分知识掌握得不错。相反，则说明这一部分知识没有掌握好，要及时查找原因，进行调整。

有的中学生在回忆考试失败的教训时说，自以为知识已经学会了，作业可以不做或少做了，因此经常少做作业，甚至不做作业，这样对自己学习的真实情况就缺乏验证和了解，还盲目乐观，结果在考试时就一败涂地。

（2）加深对知识的理解和记忆

通过课堂学习，对新概念、新原理可以初步掌握。可是对在具体情况下如何应用这些新知识，还不太清楚，而做作业正是对知识的具体应用，使知识的掌握变得更加准确、灵活和充实，使新知识不再是一种空洞的条文或死板的公式。实际上，不少中学生正是通过做作业把容易混淆的概念区别开来，对事物之间的关系了解得更清楚，公式的变换也更灵活。

（3）提高思维能力

面对作业中出现的问题，就会积极地思考，在分析和解决问题的过程中，不仅使新学的知识得到了应用，而且使思维得到了锻炼，使思维能力在解答作业问题的过程中，迅速得到提高。

（4）为复习积累资料

作业题一般都是经过精选的，有很强的代表性、典型性。因此，中学生可以将做过的习题定期进行分类整理，作为复习时的参考资料。

（5）锻炼克服困难的毅力，提高自学能力

做作业就是解决问题，有的问题解决起来比较容易，但有的解决起来比较困难，必须经过较长时间较多的独立思考和努力，才能解决。中学生在做作业的过程中，攻克一道道难关，不仅能增强学习的信心、提高学习的兴趣，也能使中学生的意志得到锻炼，同时，也从总体上使自学能力得到提高。

温馨提示：

中学生通过做作业不仅促进了知识的“消化”过程，而且使知识的掌握进入到应用的高级阶段。所以，中学生必须通过认真做作业来提高自学能力。

◆ 将自学能力体现在高效复习上

中学生在学习的过程中，如果只学不习，学习的东西很快就会遗忘。只有通过复习，才能巩固已学的知识。通过复习能够使中学生对旧知识有更深刻、更新的理解，从而为获得新知识打下基础。

《论语》云："学而时习之，不亦说乎？"意思是说，学习然后找一定的时间去温习它、实习它，不也很高兴吗？这里强调的就是复习对于学习的重要作用。可见早在孔子那个时代，古人即已认识到：学与习是两回事。所谓"学"是指接受新知识，"习"就是指要复习，要进一步理解、归纳、总结和记忆已学过的知识。在学习过程中，只学不习，学习的东西很快就会遗忘。所以，人们通过一学再学来刺激记忆、巩固记忆，使自己所学的东西不致很快被遗忘，或者被遗忘太多，甚至永不被忘记，这就是初学之后的再次学习、重复学习，也就是复习。凡是在学习上取得成功的中学生，都对及时科学地复习有深切体会。从某种意义上讲，这也是同一间教室里的同学会在学习成绩上拉开档次的一个原因，更是自学能力的强弱在不同中学生身上的体现。

复习的过程，不仅仅让人主动而简单地巩固记忆，还能从再学习中经二次，甚至三次、多次地反复学习，获得第一次、第二次即前面的学习中未曾学到或者未理解、理解不深的新知识。一些记忆力好的同学，就是因为能经常从不同的角度、不同的层次上进行复习，做到"每天有复习，每周有小结，每章有总结"，从而形成了惊人的记忆力。因此，很多学生对所学知识记不住，并不是脑子笨，而是不善于复习，或复习工夫不深。

正是遵循这样的学习规律，中学生一方面要学，另一方面也要习。有一位高考状元甚至认为，决定学习成绩高低的因素，往往就是复习质量的好坏。他个人就是将课余时间的7/10，都投入到复习。

可见，复习是中学生提高学习成绩的必要条件。让我们一起看看一些高考状元的现身说法：

山东理科状元于凡说："在整个学习过程中，复习与预习几乎是同等重要的，两者缺一不可。不预习不能进步，不复习不能巩固。对于理科综合，主要是分开复习，各个击破。物理复习中重要的是掌握基本定律和对物理情景的分析。化学的复习则是多翻看课本，对于推断能力要求得比较强。生物复习则以课本内容为基础，同时通过报纸、杂志补充了很多前沿的内容。"

湖南理科第一名肖喆说："学习语文时，我的复习是分块进行的，如可以分为基础知识、阅读理解、文言文等几个知识块，学完一个知识块，复习一遍，就放一放，再复习其他知识块，过一阵子再回过头去复习一下原来复习过的知识块，不断加深印象，刺激记忆。"

江苏理科状元张璇说："我的复习是非常有计划性的，怎样复习，哪天用多少时间复习哪门科目、哪一部分，都有细化。根据我的经验，每天可以安排两门，每门以一个小时或一个半小时的时间复习为好。"

复习中，怎样才能使复习达到高效，怎样才能既进一步理解知识、活用知识，又从新的角度融会贯通，而不是简单地重读一次？实践证明，采用消化、简化、序化、系统化的"四化"复习法不但能使复习取得显著的效果，而且能大大地提高自学能力。

（1）消化

消化是知识有效存储的基础与前提。如果对所学的知识不理解，就谈不上真正的消化，而没有消化的知识是进不了"信息库"编码存储的。如果只是"死记硬背"，机械地重复记忆，即使背得滚瓜烂熟，所复习的内容在我们的头脑中也只能像油浮在水面上一样，不能同头脑中已有的知识融合在一起，这就会出现"消化不良症"。

要消化，就要从自己的实际出发，做到有所不为，才能有所为。复习时，回头一看学过的知识你会感到有许多都很陌生，许多都不会。此时如果急躁、贪多，什么都想学，想一口吃成个胖子，结果只能贪多嚼不烂，复习跟没复习区别不大。

（2）简化

简化是总复习关键的一环。所谓简化，就是通常说的把厚书读薄。例如画“语文知识树”、“数学知识树”等方法，就是把书读薄的方法。

简化的关键是将知识浓缩概括，将繁杂的知识简单化、零乱的知识条理化、分散的知识逻辑化。

经过加工整理，就可以用简单明了的公式、符号和图表等多种形式，将知识纳入有机的体系之中；就能把知识变成自己的，既利于记忆储存，又便于提取使用，运用时就能做到思路纵横伸展，得心应手。

要治疗学习“消化不良”，就不能贪多求快，要从一点一滴做起，稳扎稳打，一步一个脚印，宁肯少些，也要好些。

（3）序化

序化是从掌握知识到牢固储存知识过程中的重要一步。从某种意义上讲，“序化”的过程，也是对知识进行“集装”的过程。如同轮船装货，同样多的货物，用集装箱装比散装所占体积要小得多，装卸效率也要高得多。有条不紊地将输入的信号分别装入大脑的各个有关功能区，进行编码和存储，可以提高大脑的利用效率。如果复习中能按各学科知识的内在规律与联系，进行比较、分析、分类、综合和小结，各种知识都可以有规律地进入存储系统之中。

（4）系统化

系统化，就是经过查缺补漏，能全面系统地掌握知识。这跟上面说过的“简化”、“序化”有相同之处。实践证明，对知识进行系统化梳理不失为一种有效、特殊的复习方法。

温馨提示：

复习是对以前已学过的由新变旧的知识进行巩固，进行系统再加工，并根据学习情况自主地进行适当调整，这是中学生学习过程必不可少的一个环节，也是自学能力得以提高的表现之一。

◆ 采用多种形式勤做阅读笔记

做阅读笔记是文科自学最常用的方法之一。做阅读笔记可以采用很多种方式，常见的有摘录式、提要式、心得式、索引式。

可惜的是，现在的很多中学生是不做阅读笔记的。他们认为，自己本来已有这本书了，而且老师也会给每一章作概括，自己再去做什么摘要，似乎没多大意义。但是，我们要提醒每一名中学生，为了以后的复习与参考，读书的时候还是应当做一些阅读笔记。另外，很多中学生在读不属于自己的书籍时，为了免去抄写的劳累，便将所需的书全都买下来。然而，研究表明，掌握教科书的最好办法是训练自己做简明扼要的概括，选择出那些重要的东西，同时尽量做到准确。很多教科书上每篇文章都列有大大小小的标题，每段的开头都是反映这一段内容的主题句。对这样的文章，要进行分门别类的概括。关于做阅读笔记，应该记住两个要点：

一是等读完了书的整个一节或一段以后再做笔记，不要读几个字记几个字，仿佛是在记流水账。

二是要用你自己的话做笔记，不要一味地抄写文章内容。但是，必须与书上的原意相符。

上面讲解了笔记的重要性，以及做笔记的要点。下面谈一谈做阅读笔记的方法。

（1）摘录法

在做阅读笔记时，摘录法是使用最多的一种方法，主要是摘录书籍、报刊、杂记、调查报告、文书档案等，以及与自己学习钻研内容有关的原始材料。如果你是学文科的，便可摘录有关的学习资料、重要文章、警句格言、词语典故，或者是唐诗、宋词的名言佳句等。如果你是学理工科的，就可以摘录有关文献、重要的结论与证明、独特的技巧等。当你以后需要用到的时候，这些笔记的价值是非常大的。

（2）提要法

当你看完一本书或一篇文章时，对文中的某一观点、事件、情节或某一章节、定理等进行分析和归纳，用自己的话把其内容、要点写出来。这样做不仅可以备忘、备查，而且可以训练你的综合、概括能力。列宁的哲学笔记，有很多就是采用的这种方法。如《黑格尔〈逻辑学〉一书摘要》、《亚里士多德〈形而上学〉一书摘要》等著作。列宁对摘录内容，还往往写出自己的意见、批评或注释，以及自己独创的符号和评注，明确地表明了他对某段论述的意见或批评。

提要应该力求简明扼要、脉络分明，最好以某一主线展开。

（3）心得法

中学生在阅读的时候，肯定会产生很多心得与体会，心得式笔记法就是记下你对某一问题思考的心得。如李贺的《史纲评要》、脂砚斋的《重评石头记》等都是这样的著作。心得可以是札记，也可以是体会。札记多为旁征博引，辩正考订；体会多为引申阐发，借题发挥。沈括的《梦溪笔谈》、茅盾的《读书札记》就是用的这种方式。

这是写笔记的一种高级形式，要求有更多的个人创见，难度也较大。但它却是创造的半成品或完善的精致短篇，一旦需要时，就可组织起来，使之成为有价值的作品。

（4）索引法

索引就是写下有关论文的题目或书名等。因为在实际学习中，可能会经常碰到这种情况：当你看到某些东西感到十分有用，但内容却太多，前面的三种笔记法又都不易采用，或者你本身就有与内容有关的书的时候，也不必采用上述方法。但是往往到要用这个内容时，你却忘记了或找不到了。如果你遇到了这样的问题，就只好做索引了，以便以后可以很方便、快捷地找到所需材料。

对以上 4 种做笔记的方法，中学生可以根据自己的兴趣爱好或者具体条件来选择。至于书写格式，记在笔记本、活页、卡片、纸条上均可。如果是自己的课本、书刊，那么写在页眉、页脚、文章末尾或者某一段的末尾都可以。总之，各种方式都有它的优点。但是，从使用价值来看，采取做资料卡片的形式更好些。

温馨提示：

做读书笔记其实是很重要的，但是，要做好读书笔记也不是一件容易的事情，需要中学生进行训练和实践。

◆ 做好难题笔记与错题笔记

人最不能原谅的是多次犯同一种错误，再难再容易错的题，如果总结成笔记，重点突破，一切问题也就会迎刃而解。

中学生最害怕的事就是考试时不会做题和做错题。不会做题可能是因为觉得试题陌生或太难而无从下手；做错题是本该做对但因种种原因而做错了。要避免这两种情况，除了巩固书本基础知识外，中学生平时还要坚持做难题笔记和错题笔记。这是中学生提高自学能力的又一表现形式。

（1）难题笔记

有些中学生复习满足于做题的数量，见题就做，做完就了事，而不善于做解题思路的分析、题型的归类和解题方法或技巧的积累。这样当时能做出的题目，经过一段时间的间隔后再出现时，往往又会觉得陌生而无法解答。

解决这一问题的方法是，中学生准备一本专用记录本记下平时练习和各次考试时碰到的难题，并在难题旁注上关键难点（可用红笔画出）、解题思路与方法，并列出该题若干种变化形式，举一反三。这是根据碰到难题的先后顺序从纵向做难题笔记。此外，还可以根据难题的性质从横向分别加以归类。审题后不能把当前课题归入知识系统中相同或相似类型之中，是造成无法解题的关键。同类型难题归在一起，见多识广，不致在考试解题时对不上号而无所适从，平时从纵向、横向两方面对碰到的所有难题进行分析、归类并贮存在脑子里，下次碰到相同或相似的题目就不觉得难了，考试时碰到新难题的可能性就不大了。

（2）错题笔记

每次考试或多或少会发生些错误，这并不可怕，要紧的是以前发生的错误在今后的考试中不再重现。

避免错误重现最好的办法莫过于把错题记下，从中吸取教训。做错题笔记包括三个方面：

①记下错题。记下错题是什么，最好用红笔画出。

②错误原因是什么。分析错误是在哪一环节上发生的，为什么会出现这一错误。

一般来说，解题过程包括三个环节，即审题、题目归类和找出答案。如果错误发生在审题环节，则应分析是遗漏了题目的要点或细节（因为有些题目是一题多问、一问多求甚至一求多法），还是看错了题；是没觉察出题中的隐蔽条件，还是未弄清条件和问题之间的关系；是看错了，还是没记住题意导致思维偏差或不严密。如果是题目归类错误，则要分析是未找到该试题与脑中已有试题类型之间的联系，还是没有把两者间的差异区别开来，检查一下解决该题的有关知识有无掌握牢固，还有哪些漏洞，以便日后弥补和进一步巩固。如在求答上出错，则要分析是没有掌握解题技巧，是粗心，还是其他什么原因。

③纠正错误的方法及注意事项。根据错误原因进行分析并提出纠正方法，同时，提醒自己下次碰到类似情况应注意哪些问题。

温馨提示：

中学生在平时的自学中要养成坚持做难题笔记和错题笔记的习惯，并在做笔记时加以分析，使难题不难，错误不再重犯，这会明显提高考试时答题的正确率，同时也能提高自学能力。

三、掌握自学的科学方法

自学方法是握在中学生手中最有力的学习武器，它能帮助中学生战胜自主学习之途中的各种困难，攻克主动求知过程中的各种难关。

如果中学生没有掌握正确的自学方法，纵然他有满腔的学习热情，有自觉主动学习的十足精神，但也只会蛮学苦学，于提升学习能力无益，于提高学习效率无补；相反，由于低下的学习效率，中学生会逐渐失去学习兴趣，从而放弃自学。所以，中学生要成功地学习，必须掌握科学的自学方法。

◆ 自学五字诀：找、查、归、整、体

“找、查、归、整、体”是一套非常富有逻辑性的自学方法，它

通过各个环节的相互联结和递进，最终使中学生达到自觉主动地学习。

可能有家长要问："找、查、归、整、体"是什么意思呢？我们把它叫做"三河方式"，因为它是由日本爱知县三河地区总结并推广的学习方法，也被称作"自学五字诀"，其关键包括既相互关联又相互递进的5个方面：

- 寻找——寻找"学什么"、"重要的问题是什么"等学习目标；
- 调查——制订学习计划，准备学习资料，研究调查方法；
- 归纳——归纳以前学过的知识和方法，并利用它思考和解决问题；
- 整理——确认和整理以前学过的内容和方法是否掌握了，如果有错误进行改正；
- 体会——把所学知识和方法加以练习或应用于新的学习、生活中，加深体会。

我们取其中的一个字，简称"找、查、归、整、体"五字诀自学法。

下面再将"找、查、归、整、体"学习法分解开来，逐一进行讲解。

(1)"寻找"学习法

对于自学来说，最基本的是要弄清"学什么"和"如何学"。"寻找"学习法指的就是中学生亲手把要学的东西找出来。

如果没有分辨"什么是重要"的能力，焦点对不准"重点"，就会做无用功。

那么，怎样才能找出"重点"呢？要做到这一点，中学生应该提前预习，应该通过自身的努力去寻找。为此，中学生不妨尝试以下几种方法：

①找出第二天上课学习的内容，准备好必需的学习用具；

②把教科书看一遍，找出不明白和不懂的地方，并在书本上做好记录或写在笔记本上；

③哪里是重点呢？自己首先要设想和推测“重点”，并写在笔记本上；

④“重点问题”按什么顺序学习好呢？自己设想解决问题的顺序和方法，并记在笔记本上；

⑤准备好解决问题所需要的资料。

以上五点不必一下子全部做到。开始可以试着先做①和②，等熟悉了以后再做③、④和⑤。这样循序渐进地做是比较好的。

（2）“调查”学习法

“调查”学习法所强调的重点之一，就是在上课之前，中学生要自己亲手把不明白的问题调查清楚并做好笔记。比如说，遇到生字或生词就要查字典或词典，遇到专业术语就查专业词典，地名不清楚就查地图册等。这首先应该从预习入手，养成自己主动学习的习惯。如果中学生养成了这些自学习惯，就会知道应该遵循怎样的程序去找出“学什么”，以及用什么办法来查阅资料等。

自学要求中学生必须了解和掌握“学什么”和“如何学”这两个关键问题。

“学什么”指的是“寻找”学习法，“如何学”指的是“调查”学习法。把这两者很好地结合起来是十分重要的。

但是，“如何学”是由“学什么”来决定的。就学习科目来说，语文学习中的学习方法及调查方法和数学是有很大区别的，和别的科目也不尽相同。每个科目都有其独特的学习方法和调查方法。即使是相同的科目，比如说语文里的记叙文和说明文，虽然都要读句子、查词语，但文章的理解方法却有区别。因此，中学生在使用学习方法、调查方法时也应该结合每天上课的内容加以调整。

（3）“归纳”学习法

在考试的时候，如果试题是自己学过的东西，有些中学生做得很好；但如果是动脑筋之类的思考题，有的中学生就摸不着头脑了。这样的中学生只会“死记硬背”，缺乏独立思考的能力。

要想使孩子化知识为力量，就必须引导其把学过的知识灵活运用到新的学习当中去。所谓思维能力，就是灵活运用所学知识的能力。

不管哪个科目，都有其重要的学习方法。在学习书本内容的同时，认真注意学习这些方法并将其运用于新的学习之中，是“归纳”学习法的重要所在。

(4)“整理”学习法

中学生一定要培养上课之前认真预习的习惯：哪儿不明白？哪儿不会？想知道什么？重点是什么？抓住以上这几点，在课本上做记号，或者写在笔记本上。可以的话，还应该找出要和大家互相讨论的东西。

那么，做了记号或写在笔记本上的问题，在课堂上真正听懂了没有？学会了没有？重要的地方掌握了没有？这些都需要自己来整理、确认。

已做记号的地方是下力气学习的重点，所以，如果对这些地方一知半解，不求甚解，那么往后的学习就会越发困难，最终会因为什么都不懂，逐渐失去自信，丧失自觉主动学习的精神。

有些中学生不会学习，很多情况是由于对不懂的、不明白的东西放任不管，必要的基础不扎实，基本的知识掌握得不牢固造成的。

那么，用什么方法确认自己是否真正弄懂了呢？方法之一就是做习题集或练习册上的题。

通过作业检查出有不懂的或者是不会的地方，就一定要进行补习。如果还不会的话，就再次请教老师，直到确实弄懂为止。这种学习方法如果认真坚持下去的话，中学生的学习成绩一定能提高。

(5)“体会”学习法

“体会”学习法就是把在学校学到的知识不断地运用于实践。中学生不仅要把学到的知识应用于学习，还要应用于日常生活。

将所学知识运用到生活的各个方面以及对人生的思考上，不仅可以促使中学生深刻地领会所学知识的精髓，培养中学生活学活用、解决实际问题的能力，还能使中学生真正体验到学习的乐趣，从而激发他们坚持不懈地主动求知，培养自觉主动学习的能力。

温馨提示：

“找、查、归、整、体”是一套非常富有逻辑性的自学方法，它通过各个环节的相互联结和递进，最终使中学生达到提高自学能力的目的。

◆ 自学的四要诀：读、画、写、记

如果把预习中的“读”、“画”、“写”、“记”比喻为学习的“犁铧”，那么，思考的种子只有在耕耘过的土地上才能更好地萌芽。

每一种学习方法都是可以总结出一定的经验来的，预习也不例外。有人用四个字来概括预习的自学四诀，即读、画、写、记。那么，究竟它们都有些什么含义呢?

（1）读

读，即课前预读，也就是阅读新课教材及参考资料，必要时还需要阅读与新课有关的已学课文，有针对性地复习新课学习可能涉及的旧课知识。

这里首先牵涉一个读书问题。要进行预习，必须学会读书。读书的方法有多种，不同内容、不同性质的学习，应有不同的读书方法和要求。课前预读对阅读的理解层次要求不高，如果将读书划分为粗读、细读和精读三个层次的话，那么课前预读只要求达到由粗读到细读的层次。

粗读，即用较快的速度概览全篇课文，观其大略，了解梗概，从而对新课有一个粗略和直观的印象，并对课文中讨论的主要问题做到心中有数。

细读，也就是仔细地阅读。细读中应弄清课文的重点、难点及个人的疑点所在，要求能把握中心，初步理解课文。

粗读课文以后，往往会产生一种“欲知后事如何”的感觉，这证明对课文内容的思考已经有了一定的意识指向。它会驱使自己的思维向更深入的方向发展。这时应回过头来从本节课文的开头分段细读。在细读中对于重要的概念和定理常常需要咬文嚼字地阅读，这样才会真正理解概念和定理中最关键的字、词、句的特定含义。

预习前最好能草拟预读提纲，然后根据提纲带着问题去阅读、思考和理解课文。

（2）画

画，即阅读时对课文中有关概念、定理和重点圈点画线，或者是注眉批、分段落，必要时还需要在一个专用的练习本上写写画画，特别是预习理科教材，阅读时准备好一支笔和一个练习本是很有必要的。不要小看这阅读中的圈圈画画，它留下来的往往是中学生在自学时随课文内容而展开的思维痕迹。

每次阅读时可用颜色不同的笔加以勾画，这样有利于区别阅读的层次。一次次地阅读，不同的颜色，会代表不同的见解和意义，使理解步步深入。但要注意：有所不画，才能有所画。阅读中也不要到处去勾画，勾画得太多反而有碍于重点的突出。一个善于阅读的人，他会有一套自定的习惯记号，每种记号很自然地代表了自己所表达的意义，假若写出眉批来则要比记号复杂得多。这样既简便明朗，又节省了书写的地方。

但有时单靠符号是不能完全表达其意义的，这时就需要注眉批，一般在书的天头、地脚、段尾或篇末的空白处，都可以随读随写。诸如段落篇章的简单提要，阅读中的个人见解，一闪而过的思想火花以及对课文中的问题质疑等。

阅读中不要急于加批语，一知半解，支离破碎，没有领会课文精神实质的批注，不仅毫无意义，而且会造成误批。眉批的语言应简短精练，力求抓住要害，不要期望把一切问题都写透，更深入一步的工作应放在写预习笔记中去完成。

(3) 写

写，即写预习笔记。根据不同的学习内容、不同的学习要求，以及个人可自由支配的时间多少，预习笔记的书写有不同的要求。

最简单的预习笔记可以只写出本节课文的重点和难点，个人的初步见解，以及阅读中提出的疑难问题。所以对一些比较简单的课文预习，或是在学习时间比较紧张时的课文预习，可以只完成“读”和“画”两步程序，而不用写预习笔记。因为通常在“画”的过程中，已经勾画出课文的重点、难点、个人见解及对问题的质疑。

最复杂和要求最高的预习笔记，则是在自己对课文已经初步理解的基础上写出的阅读笔记。这种笔记已能反映全篇课文的知识结构以及各知识点的内容提要，且重点突出，层次分明。能达到这种高标准要求的，一般是有充裕的课前预习时间或是有较强自学能力的同学。当然，有些比较简单、理解难度不高的课文，多数同学的笔记也能达到这一要求。如化学中的关于元素化合物知识的课文，同学们根据已学过的研究元素化合物知识的一般方法，对新课中将要学习的具体物质，按照存在、制法、性质、检验和用途的研究线索，可独立而有条理地逐一拟出预习笔记。

对于有一定难度的课文，一般只要求写简单的预习笔记，预习时把更多的时间用在阅读和思考上，待上课听讲时再按教师的讲课思路写出课堂笔记。

(4) 记

记，即在预习的最后阶段对新课重点知识进行记忆。如重要的词、句和段落，重要的概念、定理和结论，要求能基本记住。

有的同学在分段细读之后，为了整理一下自己的预习思路，常常把课文从头至尾再细看一遍，或者是合上课本，闭目反思，把新课内容从头至尾过一遍。这时会感到知识连贯，脉络清晰、有条理，这说明对课文的内容梗概和中心思想已经比较熟悉了。回读、默读、反思是一种非常有效的阅读记忆法。

在阅读记忆中，尽量在新课知识与已学过的旧知识之间建立联系，也就是前面说的预习时应先复习有关的旧知识。这样不仅为新课学习做好了知识准备，也有利于理解新知识，而且记忆起来也容易多了。对于一些相似的新旧知识，譬如相似的概念、相似的词句、相似的公式、相似的名称、相似的实验和物质相似的性质等，可采用对比的方法理解和记忆。这种让新知识植根于旧知识的生长点上的预习，会使头脑中形成的“初步印象”更深刻。

温馨提示：

中学生要抓住预习中的自学四要诀，把握住预习方法的要领，使预习发挥出更大的学习效用，掌握更科学的自学方法。

◆ 美国教育专家推荐 SQ3R 自学法

要有好的成绩，学习方法就要正确，否则只会浪费时间和精力。SQ3R 自学法是美国教育专家的研究成果，是一套比较完整的学习方法，得到大多数教育家的推荐。

SQ3R 自学法是配合人类的理解、记忆等过程研究得出的，对帮助读书非常有效。所谓 SQ3R 自学法是指“Survey”浏览、“Question”发问、“Reading”阅读、“Recite”背诵和“Review”复习共 5 个步骤。

（1）浏览

先把未教的内容大略看一次，大概掌握文章的内容。方法是先看文章的大、小题目和图表，这些能简单地表达一些重要的内容。浏览了课文之后，要说出课文的主题、表达主要思想的写作手法、文中的主人翁性格如何等。

（2）发问

发问之前先要弄明白文章或课文内容，发问是要问自己不懂的地方。如果对文章内容还不明白，是不能问出好问题的，这样的发问不能帮助中学生对课文做进一步的理解。

（3）阅读

阅读有很多种方法，上述的浏览是其中的一种。这里所说的阅读是在浏览之后的仔细阅读。方法是认真细读一字一句，有需要的话可以做笔记，或用颜色笔将重要的句子画出。通过阅读，要求能充分地掌握文章的内容和主旨。

（4）背诵

把文章的重要部分用心背诵下来，当有需要时，便可以自如地把背诵的内容应用出来。背诵的内容可以是文章、定理、主题等。

（5）复习

复习对学习很重要，而且需要有一定的方法。有心理学家指出，在学习新内容时的5～10分钟是巩固记忆的最佳期，如不及时巩固复习，随后便开始遗忘。在24小时后，便会忘记大部分内容。所以中学生应在学习的10分钟内背诵重要的内容。在24小时内，即放学回家后，把所学的内容重温一次，防止遗忘，并加深记忆。之后在一个星期内再重温之前所教的内容。

中学生不要以为一个星期的内容很多，无法温习好。事实上，只要之前的背诵、问题解答做得好，复习只是重新记忆一次，用的时间比第一次少得多，而效果则是能把所教的内容全都记住。中学生实在应该好好利用这一方法。

温馨提示：

自学方法说到底也只是一种工具。如果中学生不切实地付诸实践，在日常学习中不能很好地应用，那所有的都是空谈。所以，中学生应在自学中验证这种方法神奇的效果。

◆ 成功的自学需要把握自学时间

现在，中学生的学习负担较重，每天都有大量的作业要写。如果时间抓不紧，或是安排不好，那就更麻烦了。不少中学生尽管天天忙得不可开交，收效却不大，同时又浪费了许多时间，得不偿失。

那么，中学生该如何更有效地利用时间进行自学呢?

(1) 安排好学习时间的原则

干任何事情都有一定的规则，制订一份时间安排表也不例外。

第一，消除无所事事的时间浪费，使每小时都变成富有成效的时间单位。

第二，利用白天时间。研究结果证明，白天学习 1 个小时等于晚上学习 1.5 个小时。

第三，背诵性课程在课前要进行预习。

第四，理解性课程在课后要进行温习。

第五，安排好时段。在每 1 小时的学习时间里，可用 50 分钟学习，10 分钟休息。

第六，保证足够的睡眠时间。对于中学生来说，每天最少应有 8 小时睡眠。

第七，加倍估计完成作业所需的时间，费时的作业要提前做，不要到交作业前半小时才匆忙去做。

需要说明的一点是：中学生科学地安排自己的学习时间时，还要综合考虑到自己在一天中每个时间段的学习效率的差异。

(2) 合理安排晚上的自习时间

宁夏固原市 2005 年中考状元柳嘉强同学认为，自己之所以能够成为中考状元，在很大程度上就是得益于规划安排好了晚上自习的时间，他说："初三时，除去课堂学习时间，我们每天早晚各有一个半小时可以自由利用。如果以一个半小时为一个复习时间单位的话，每月我就有约60个这样的时间单位。我在安排每月的学习时，通常这样支配它们：语文11个，数学9个，英语9个，物理9个，化学9个，政治2个，地理2个，历史2个，生物2个，机动5个。基本做到了立足全局，兼顾各科。”

在每天的自习时间，应当把当天所学的知识复习巩固，把发现的问题当天弄清楚。通过把做过的作业或者讲义整理一遍，最后整理成三类题目：一是做错的题目，记录你做错的原因及正确的解答，以免犯同样的错误；二是新的题目，即以前你从没见过的题目，多整理这样的题目能增强你遭遇新题时的信心，还能锻炼思维；三是有新方法的题目，当老师或同学使用一种你没想到的而又非常巧妙的方法解答一道题时，你应该记下这道题和新的解答方法，通过课后自习的独立思考真正理解这种做法的思维方式，消化吸收变成你自己的知识储备。掌握方法而不是具体题目的中学生才能真正自主地学习。

（3）巧用时间的“边角料”

饭前饭后、等候公共汽车、上学放学的路上，都可挤出十分八分钟的时间，用来阅读、回忆或思考一些问题。俗话说，“巧裁缝不厌零头布，好木匠不丢边角料”。中学生应明白一个道理：几分几秒的时间，看起来微不足道，但汇合起来就积少成多，大有用处。

温馨提示：

对于中学生来说，自习的时间也非常关键，利用得好，就能对学习起到很大的帮助作用；利用得不好，就只能是白白地浪费时间了。

◆ 第四章 ◆

广泛贮存知识的记忆能力

记忆是人类一切知识、智慧与能力的重要基础。记忆品质的优劣与记忆水平的高低，是决定中学生能否掌握知识、有效学习、提高成绩至关重要的前提条件。很多中学生的学习效率不高、学习成绩不佳，并不是他们学习不够认真、不够努力，而是记忆方法不对、记忆效果不好、记忆能力欠缺所造成的。记不住，往往是中学生学习上最大的敌人。中学生要增强自己的记忆力，首先应掌握有效的科学记忆方法。

只要勇于尝试、勤加锻炼、实践摸索、巧妙运用，每个中学生都可以使记忆能力得到增强和提高。

一、记忆：中学生成才的智力基石

记忆，是人的知识之源，是人类智慧之母。缺失记忆力的人既无知又无能，在社会上就无法独自生存。中学生开发记忆能力，是对学习的一个巨大帮助，也是对未来人生的一项重要“投资”。具有出色的记忆力，在人生的各个方面都会显现出独有的优势而领先于人。所以，中学生必须增强和提高记忆能力，因为这是中学生成才的智力基石。

◆ 记忆是智力的核心组成部分

简单地说，记忆就是人脑对过去经验的保持和提取。

凡是人们感知过的事物、思考过的问题、体验过的情感以及操作过的动作，都可以以映像的形式保留在人的头脑中，在必要的时刻又可以把它们重现出来，这个过程就是记忆。

在古希腊的神话故事中，有关于“记忆女神”的描写。这位记忆女神名叫谟涅摩叙涅，是专管记忆的女神。她共有9个女儿，专管文艺。在这里面暗含了一层意思，文艺女儿为记忆女神所“生育”，说明文艺是从记忆中孕育出来的。由此可见记忆之重要。

记忆的确赋予了我们无限的聪明才智。

记忆，是人的智力的一个重要组成部分。

人的智力主要包括记忆能力、观察能力、注意能力、思维能力和想象能力等5个方面。

这5个方面之间是相互联系、相互制约的，而记忆则是人们认识过程的基础，它可以把其他能力所酿成的成果保存下来，成为提高各种能力的前提。

智力好比一座心理活动的工厂，许多发现、发明都是由这个工厂的有效运转而形成的。

记忆力就是一个原料仓库，它专门为这座工厂的正常运转储存原料和提供原料。

工厂是不可能离开原料的，只有原料源源不断而来，工厂才能不断创造出产品，假若原料供应不足，工厂只好停工待料。

智力与记忆力的关系正是如此，只有记忆力这个仓库中的信息充足、丰富，智力这个工厂才能正常运转。

由于人具有记忆力，他才能有效地进行感知，顺利地展开想象，成功地进行思维；反之，假若人没有记忆力，那无论感知、想象和思维，都只能处在停滞状态，无法进行、展开和运用。

记忆在生活实践的各方面也都起着很重要的作用。

法国数学家、物理学家、哲学家帕斯卡曾经说过：“记忆是一切脑力劳动之必需。”说得更广泛一些，记忆是人人之必需。我们之所以能够形成生活习惯，进行交际活动，从事各种工作和加强自我修养，都是和记忆的作用分不开的。一个健忘的人，必然会在他的生活实践中随时碰到各种各样的困难。

温馨提示：

记忆力是智力活动的基础。人的智力结构中的每个因素，都不能离开记忆力。所以，记忆是智力的核心组成部分。

◆ 记忆是人的智慧之母

做任何学问，都需要运用记忆能力。“博学强记”是人生成功的条件之一。拥有好的记忆力，往往是人们事业、学业成功的关键。

不仅做学问、读书需要记忆力，在社会上工作和做事也极需要记忆力。例如，如果你能记住别人的名字和相貌，就容易和别人建立友谊，增强别人对你的信心，提高自己的工作能力。

一个人的记忆力对智力的发展有着重要的作用，是智力诸因素借以发展的基础。正是由于有了记忆，我们才学会说话、数数、唱歌、画画、游戏，并能在各种环境中活动，在活动中获取知识。有人说记忆是“智力活动的仓库”，这是很恰当的。

古希腊的思想家亚里士多德就曾说过：“记忆是智慧之母。”他曾为提高他的学生亚历山大大帝的记忆力下过一番工夫，帮助他开创了历史上第一个横跨欧、亚、非的大帝国。

历史上有许多名人的记忆力都很好。

梁代的昭明太子萧统在5岁时就已遍读五经，而且都能背诵，读书一目数行，过目不忘。唐朝的玄奘在13岁时到洛阳出家为和尚。他在净土寺向严法师学《摄大乘论》，听了一遍，再看一次，就能全部背诵，并了解经文大意，大家都感到很惊奇，于是，要他易座复述一遍，结果依然十分流畅，一字不漏。

法国的拿破仑也具有超人的记忆力。他把法国海岸的大炮种类和位置记得非常清楚，甚至还可以纠正手下的报告书，使得手下大吃一惊。他还记得邮递的路线和距离，并将它们写下来交给邮政大臣，这些东西连邮政大臣自己也搞不清楚呢！闻名于世的美国富商洛克菲勒、卡内基，政界的林肯、罗斯福以及英国前首相丘吉尔等，都有极强的记忆力。

记忆是积累知识的仓库，是“用人类创造的全部知识来丰富自己的头脑”。人若没有记忆，就难以生存；学生若没有记忆，学习就成为一句空话。

“熟读唐诗三百首，不会作诗也会吟。”古人的这句话形象地说明了记忆在学习中的重要作用。前苏联著名心理学家鲁宾斯坦曾说过：“假如没有记忆力，我们便会成为转瞬即逝之物。从将来看过去，所看到的便会是一片片死寂而已。而所谓现在，随着它一分一秒地流逝，也会一去不复返地消失在过去之中。”

记忆并不是一种天赋，而是一种特殊的技巧。有些中学生可以采用有效的方法把所学的知识储存起来，做到毫不费力地学习和准确地记忆；而有些中学生却无法获得这种成功。其实，具有超常记忆力的原因并不在于他们具有储存信息的能力，而在于进行储存的有效方式，这可以使人表现出一种非同寻常的记忆技巧。

心理学研究表明，人在12~13岁，机械记忆（无意义记忆）最为发达，而到15~16岁时，逻辑记忆（理解记忆）不断发展起来，而这个时期正是人的中学时期。同时，心理学家发现，65岁的人比25岁的人对新的、不熟悉的经验的记忆能力平均要低35%，而80岁的人的理解力只比20岁的人低20%左右。

这说明，随着年龄的增长，记忆力的减退要比理解力的减退显著得多。因此，人一生的前期，记忆力较强，而到后期，记忆新东西就会感到十分吃力了。这正如一句谚语所说：“少壮学习，就像石头上雕刻；老大学习，正如在沙土上记录。”

“人无两度再少年”，明白了这个道理，中学生就应当抓住自己记忆的黄金时期，努力锻炼记忆力，不断积累新知识，为今后的学习和工作打下坚实的基础。

温馨提示：

对于中学生来说，记忆的重要性无论怎么估价也不会过分。青少年时期是人的记忆的黄金时期。

◆ 人人都拥有天才记忆力

作为中学生，谁都想具有高超的记忆力。然而由于有些同学忽略了对记忆力的培养，所以记忆力提高不快。其实只要方法得当，人人都可以成为记忆天才。

（1）人的记忆力不是天生的

有许多人对记忆力存在着这样一种错误的认识，就是记忆力好与不好都是天生的，后天无法提高。这使得一部分记忆力比较差的人感到非常沮丧。一个身体素质比较差的人，可以通过加强体育锻炼来提高身体素质，那么记忆力差的人为什么不能通过训练来提高自己的记忆力呢？人的记忆力和人的身体是一样的，都可以在后来得到训练和加强。

那些记忆力特别好的人，并不是他们与生俱来就有这方面的天赋，我们仔细观察就会发现，他们本身并不是那么刻意地去记忆一些东西，但由于他们掌握了一些很好的记忆方法，在不知不觉中很自然地就记忆了一些东西，于是，便给人留下记忆力惊人的印象。

我国唐代学士常敬忠面对一份怪僻生疏的万言书，只默记几遍便倒背如流；曾负责罗斯福竞选美国总统事务的詹姆斯·法利，能记清他周游美国时所认识的约两万人的名字；法国拿破仑一世对本国海岸所设置大炮的种类、位置及每条邮政驿路的距离脱口而出。

类似令人瞠目的事，如果说我们也能做到，你或许会“结舌”，现在我们就告诉你：人人都是记忆天才，只是“术业”各有专攻。

（2）记忆力与脑筋的好坏没有必然的联系

记忆力既然不是天生的，那么就与脑筋的好坏没有必然的联系。记忆力的好坏在很大程度上影响着学习成绩，因为学习的过程其中就包括了记忆，学习是离不开记忆的，这是一个谁也无法否认的事实。基于这点，便有许多中学生把自己学习不好的原因归结到记忆力有问题，脑筋不好使，其实这种看法是不全面的。

一个人在数学上可能不是特别出色，但这并不能证明他的脑筋不好使，他可能在其他方面表现得相当出色。比如说唱歌，一首歌曲他只听一遍就能准确无误地唱出来，这难道说他的记忆力不好，脑筋有问题吗？他之所以在数学上不出色，那只能说明他有关数学的那一方面才能还没有充分发挥出来，所以数学方面的记忆能力也就不那么强了。

（3）了解高效率记忆的八大规律

记忆是否有一定的规律？如果有，那么记忆的规律是什么？它是不是很难把握？经无数专家研究证明，记忆不仅有它自身的规律，而且这些规律并不神秘，只要认真探究和学习，人人都可以掌握它。下面就是记忆的一般性规律：

①理解规律。这是最简单，但又是最重要的规律。对要记住的东西理解得越深刻、透彻，那么就越容易详细、牢固地记住它。

②兴趣规律。要消化知识，就必须有吸收它的兴趣，就像吃饭必须有食欲一样。感兴趣的知识，很容易被接纳进大脑的记忆库中。

③温故知新规律。某个方面的知识积累得越多，那么就越容易记住这方面的新知识。例如，当重新研读一本以前读过的书时，往往会有新的发现和体会。这是因为在重读过程中，在新旧知识之间建立了许多关系，从而增强了记忆。

④代价规律。要牢记某个信息，必须付出时间的代价。花在记忆上的时间越多，那么所记忆的信息在脑海中保持得越长久。

⑤联想规律。同时产生的概念，会在记忆中互相保持联系。

⑥顺序规律。当按字母顺序背诵外语字母时感到容易。同理，按某种顺序记忆一些材料，就容易记住。

⑦印象深刻规律。对需记忆的东西，首次印象越深刻，那么记得就越牢。

⑧抑制规律。这是一条容易被忽视的规律。新的记忆信息会抑制旧的记忆信息，因此在准备接纳新信息以前，应当先巩固一下记忆的旧知识。

这种情况对于记忆相近领域的信息尤其明显。因此建议中学生最好不要在学习数学后立即学习物理，学习历史后立即学习语文，这样容易“记后忘前”。

温馨提示：

记忆力的好坏不是天生注定的，中学生只要掌握正确的记忆方法，同样也可以具有非凡的记忆力。

二、培养神奇的记忆能力有高招

记忆能力，曾被很多人误认为是天生的。现代科学研究告诉我们：学会正确的方法，开发全脑智能，每个人的记忆力都会有明显提升。这种开发全脑记忆的方法，很适宜中学生记忆能力的培养。中学生一旦调动了右脑与左脑两方面的力量，记忆力提升的神奇效果，很快就凸显出来。

◆ 掌握规律，记忆其实很简单

教育学家卢卡斯说过：“真正过硬和正确的记忆是有意的记忆。”

每个人的大脑都有记忆的功能，但是，只有有意地、有计划地、强行地记忆，只有带着明确目的进行学习，才能记住。这样记住的东西才是牢固的、永久的，这是一条任何人也无法违背的规律。所以，只有这样记忆，才能获得牢固的知识、永久性的知识。

下面是有关专家通过研究对中学生加强记忆总结出的一些规律和建议：

（1）理解的记忆更容易

花费同样的工夫，如果对所需记忆的信息理解的程度越深，那么记忆的量就越大。通过试验，记 15 个毫无意义的音节需要重复 20 次，记 15 个单词需要重复 8 次，记由 15 个词组成的句子，只需要重复 3 次。

（2）用复习帮助记忆很有效

凭记忆能重述某一材料后，有人认为就可以停止学习了，进一步的复习就是多余的。其实不然，不复习将会逐渐将记住的东西遗忘，而多次复习可以大大延长材料在记忆中保持的时间，可以提高记忆的质量。

（3）分散记忆比集中记忆效果好

有间隔地记忆比连续地记忆效果好。每次记一点，连续记若干次（每次记 10 ~ 15 分钟）比大量地记一两次（每次记半小时至 1 小时）效果好。在学习间隙中，如果常变换休息的方式，就可以使我们的记忆得到更好的调整。材料越多、越复杂，分散记忆的受益就越大。

（4）记忆效果不明显也不要灰心丧气

当你一部分一部分地死记硬背，到末了把所有内容“归纳”起来的时候就会觉得，似乎前功尽弃，又得从头开始，心里感到扫兴，工夫全白费了，效果不佳。不要为暂时的困难而灰心丧气，因为这对任何人来说都是不可避免的。

（5）合理地安排复习时间

研究表明，如果连续多次地阅读课文，那么，读 4 个小时之后，大约会记住课文的 16%。如果将 1/5 的时间用来复习，那么，同样 4 个小时之后，会记住 19%。将 2/5 的时间用来复习，则会记住 25%。我们用于记忆而不是单纯地反复阅读所花费的复习时间越多，就越合算。

（6）复述并非次数越多越好

第一次复述所记忆的功课，尽管我们复述得不准确，其记忆的效果也是非常稳固的。第一次复述具有决定性的意义，第二次复述有重要意义，而第三次和第四次只有微弱效果，一般不要作第五次复述。

（7）记忆之后应适时休息

在已经熟记之后和复习之前，如果我们以睡觉的方式进行休息，那么，功课是几乎忘却不了的。如果我们精神振奋地做其他一些事情，那么，在这段时间内，功课反而会被遗忘。人在睡眠时不可能记忆什么东西，但也不可能忘记什么东西，因为忘却同样是一种活动。

温馨提示：

记忆并不难，关键在于是否掌握了记忆规律。中学生在进行记忆时，一定要遵守记忆规律。

◆ 把握事物间的联系以提高记忆力

联系记忆可以使一些原本没有必然关联的东西联在一起，从而更易于记忆。联系记忆是最常见的记忆方法之一。

记忆有逻辑记忆和形象记忆之别。记一个数学公式，是逻辑记忆，数学家记得特别好。可是，记忆一幅图画、一段曲子，这是形象记忆，画家、音乐家记得特别好。

让一个数学家去记一个画面，他可能感到很困难；让一个画家去记一个数学家所描述的详细的逻辑公式，他也感到很困难。我们应该同时向数学家和画家学习，培养逻辑记忆能力和形象记忆能力。

记忆，就本质上讲是建立事物之间的联系。

记一个人，是把这个人的相貌和他的名字联系在一起。

记一个单词，是把它的读音、书写形象以及含义联系在一起。

记一颗行星，是将它的直径、运动轨迹、年龄这些数据联系在一起。

记忆就是加强联系。

为了提高记忆力，加强事物间的联系一般有以下几种方法：

（1）用重复法联系

比如说一个同学叫张杨，一次你没记住，说明这一次联系不够。再来一次联系，这样一个相貌的同学叫张杨，这是两次。两次没记住，三次终于记住了——一个短头发、个子高高的女孩子的形象和这样一个名字的联系就在大脑中建立了。这是一种最普通的用重复法联系的记忆方法。

（2）用深刻法联系

如何能一次记住呢？就是这一次的联系必须是特别深刻的。

大脑的记忆好比在泥土上划印。划了一道，划得非常浅，风吹雨打，一会儿就被淹没了。划得非常深，这个联系存留的时间可能就非常长久，记忆就是要建立这种比较深刻的联系。

这个同学名叫张杨，可能看她一眼，记住了。因为当时的大脑活动效率非常高，给自己建立的印象非常明确，注意力非常集中，这一道刻痕就留下了记忆。

所以，对于想记忆的东西，要调动兴奋状态、专注状态，建立深刻的联系。

（3）用网络法联系

网络法是一种更完整、更重要的记忆方法。有些信息通过重复法和深刻法也难以准确记忆，这时候，我们就要想办法把需要记忆的信息通过多道联系编织在我们的记忆网络之中，这样我们才能确立记忆的联系。

就好像有一个人才，非常宝贵，大家都在争夺他，你也很需要他。怎么办呢？你就有可能用多种方式来挖他：你首先给他安排一个最合适的工作，让他发挥自己的专长，这是一种手段；你给他最优厚的报酬，这是一种手段；你安排他的家属能够安居乐业，这是一种手段；你解决他的子女上学问题，这又是一种手段。一条线、两条线、三条线、四条线，结果就把他网住了。

记忆一个事物时建立多种联系，就可能记得比较清楚一些。

比如说有的同学研究行星、恒星等各种各样的星，要建立对某一颗星的记忆，那么我们可以确立这颗星和其他星之间的空间关系；可以进行这颗星在亮度上和其他星的对比；可以考察这颗星和地球之间的距离；可以查找这颗星有什么故事。总之，通过很多联系，使它在自己的记忆网络中“定居”下来。

（4）用嵌入法联系

我们的大脑就是一个庞大的建筑，由众多复杂而有序的知识结构组成。记忆就是把一个你过去没有记忆的东西放到你已经记忆的知识结构里。

因为你大脑里已经有一些东西了，新的东西进来以后，你要把它嵌进去，嵌入一个结构之中，嵌入一个建筑之中。

比如，你已掌握关于中国地理的很多知识：太原在山西，武汉在湖北，上海在华东，北京在华北，这些知识你是知道的。但是有一个城市你不清楚，当你记忆它的时候，不是要给它一个空间位置吗？要把它嵌入这样一个空间结构之中。比如讲到石家庄，它在太原的东边、北京的南边、郑州的北边，当你把它嵌入这样一个已有知识的结构之中的时候，就很容易记住它。

温馨提示：

中学生一定要学会用联系法以有效地提高记忆力，经常对眼前常见的事物进行联系，以达到强化记忆的目的。

◆ 开发左右脑，进行全脑记忆

人类的大脑是由大脑、小脑和连接大、小脑之间的中脑和脑髓构成的。大脑还特别区分为旧皮质和新皮质。人类特有的、其他动物身上没有的高等智慧，是靠大脑表层非常发达的新皮质控制的。

在新皮质中，集聚有高达150亿个神经细胞，它们彼此复杂地联系在一起。因此有些学者说，大脑具有潜在能力，相当于目前10万台最大型的电子计算机。然而，人类远远未能运用大脑的功能，即使是著名的爱因斯坦这样的天才，也不过仅仅用了30%。

全脑记忆，就是挖掘这些潜在能力的一种技巧。

人的大脑具有左脑与右脑之分，并且左右两个半脑的功能大不相同。左脑承担逻辑、分析、计算的功能；右脑则承担视觉的判断、直观力、整体把握能力、感觉、感性这些功能。

右脑的功能，具体说起来，就是在人群中能够一眼找出熟人；在街头偶然听到音乐时，能很快回忆音乐的名称；能够把益智分合图那样复杂的图形拼合起来，诸如此类事儿，主要都是靠右脑来完成的。但是你不能有意识地把左右脑分开使用，针对思考的对象你会条件反射般地把外界的情况反映到自己的左右脑中。就像你没有非常完美的、左右对称的脸一样，人的大脑也很少有左右脑同时都那么发达。

无论是左右脑哪一方极其发达，或有某些欠缺，你都会发现自己的思想陷入贫乏，抑或感情表现极为幼稚的情况。

全脑记忆并不否认一般阅读法到现在乃至将来仍是所有读法中的一个最基本的方法，因为阅读能力的基础还要靠它来奠定，但要在一分钟内读上千字、上万字乃至十几万字，这对一般阅读法来说是无论如何也无法达到的。

全脑记忆与传统的方法显然不同。

它追求的是灵活运用，善于开拓进取的、创造性的阅读，而不是墨守成规、因循守旧的阅读；是迅速有效、善于捕捉信息的扫描式的快读，而不是“书读百遍，其义自见”的暗中摸索经验的盲目性的阅读。

全脑记忆是最大限度地排除头脑中的声音化，最好能把头脑中的声音化完全排除掉。

要实现彻底排除声音化这一点，得消灭声音亏损化所需的时间，还有就是一下子认知多量的信息。这样的话，不光是略去了声音化的时间，还可彻底摆脱靠听觉来确认的做法，使视觉功能不再受一个个音组成的声音化现象的束缚和干扰而获得彻底解放。

人脑的视觉语言功能在彻底解放中获得明显的进展，也唤醒了人脑卓越的潜在功能。

全脑记忆的意义，绝不是简单地局限于消灭认识过程中的声音化现象，而是要使人脑卓越的潜在功能以最自然的形式得到发挥。

左脑分管说、读、写之类的语言机能，而在做不发生语言声音化现象的阅读时，乃是纯粹的视觉性行为，是可以由擅长处理视觉性信息的右脑来出色完成的。

右脑具有高度的图式性认识能力，假若在阅读行为中利用右脑的这一功能，可以充分发挥其处理大量信息的机能。

还有阅读行为的理解有了双管齐下的可能：由右脑承担综合视觉性印象的部分，由左脑承担综合意味性印象的部分。

这就是说，只要不是声音化得来的信息，而是以文字和记号化得来的信息，语言是可以作为视觉性印象加上意味性印象来处理的。

这样就使左脑和右脑协调起来，以全脑来处理信息，当然会有飞跃的效率了。

温馨提示：

中学生在清楚了解左右脑记忆功能后，要把左右脑积极调动起来，进行全脑记忆，以便收到更好的记忆效果。

◆ 生动逼真的形象记忆法

形象记忆是人脑中最能在深层次起作用的、最积极的，也是最有潜力可挖的一种记忆方式。形象记忆法能够在短期内将人的记忆力提高几倍乃至十几倍。

形象记忆法就是在记忆时尽量多留意记忆对象的直观形象，尽量多运用形象思维，以提高记忆的效果。形象记忆法建立在形象联想的基础上，先要使需要记忆的对象在脑子里形成清晰的形象，并将这一形象附着在一个容易回忆的联结点上。这样，只要想到所熟悉的联结点，便能立刻想起之前进行记忆的对象。

(1) 形象鲜明易于记忆

俗话说："百闻不如一见。"意思是说，听到的不如看到的印象可靠。它还包含着这样一个道理，即直观形象的事物给人的印象较为深刻。为什么形象的事物容易记忆呢？因为人们认识客观事物依靠感知器官，而感知正是从直观形象开始的。实物形象的记忆是最原始、最初级的记忆，而对抽象概念、系统知识的记忆则需要有一定的知识结构作基础，所以，要想记住就需要形象化。如能在头脑中清楚地描绘某一件事、单词、物、人，那就比较容易记忆。这种形象越鲜明，学过的东西就记得越牢。

在学习过程中，中学生进行形象记忆的方法有三种：

一是运用语言描述。对抽象的材料可用形象化的语言来阐述，也就是所谓的深入浅出，这样记忆起来就会快得多，也会在头脑中留下一个深刻印象。

二是采用形象比喻。用自己熟悉的事物来比喻所要识记的材料，让其在头脑中留下一个完整具体的形象，从而不易忘掉。

三是仔细观察。例如，学习时可借助于模型、图像、照片、录像、电影、电视、幻灯，通过对它们的观察来获得对事物的感性认识。

形象记忆是以感知过的事物在人脑中再现的具体形象为内容的记忆，它保存事物的感性特征，具有显著的直观性和鲜明性。人的记忆都是从形象记忆开始的，儿童出生 6 个月左右就会表现出形象记忆，如认知母亲和辨识熟人的面貌，就是形象记忆的表现。所以，形象记忆是由感知到思维必不可少的中间环节。

在学习某些地理知识时，可将一些文字的叙述，转变为形象的图形来加强记忆。如在学习新疆“三山加两盆”的地形地势时，就可以把它简绘成一幅示意图来进行形象记忆，这比记忆文字要深刻得多。

（2）附着点是形象记忆的关键

在形象记忆法中，最常用的是采用地点作为形象记忆的基础。古罗马的一些演说家可谓是运用这类形象记忆法的高手，他们用这种方法来记忆其演说词的不同部分。例如，演说家常常会选择一个他们熟悉的建筑物或地点作为会场，又在其中确定某些特定地点，在每一个特定地点，安放上与其演说词各部分相联系的物品。比如，首先要讲的是战争问题，就在想象中把长矛的形象“附着”在第一个地点上，这一地点可能是一家屠宰场。如果他接着讲战争中的粮食供应问题，就在想象中把一袋粮食的形象“附着”在第二个地点，这一地点可能是个粮店。然后继续以此记忆方法把演说词的每一部分都安排妥当。当需要回想整篇演说词时，他们只需从一个地点望向下一个地点，按照自然顺序在内心里追忆他自己的思想脉络即可。演说家把演讲词的第一部分附着于第一地点，把第二部分附着于第二地点，并以此类推。

形象记忆法的关键是必须服从附着物的排列顺序，不能随意变动地点和附着物，否则，就扰乱了地点记忆法本身的内在联系。最好的方法是设计某些联想，而且合情合理，将第一附着物置于第一地点，将第二附着物置于第二地点，以此类推。然后，再用15秒钟的时间对附着物置于其地点加以想象，以巩固它们之间的形象联想。

（3）变抽象形象为具体形象

浮想物象，就像在头脑中张开银幕进行摄像一样，看着文字，听着词语，摄像机上同时显现出你要描绘的物象。只要通过不断的练习，养成这样的习惯，就容易把所见所闻的物象印进脑海里而保存下来，哪怕是时间很短。

试以下面的词语做浮想物象的练习。书、花、电脑、眼镜、汽车、女人围巾、表、圆珠笔、电车、领带。那么，怎样浮想物象呢？浮想物象的要点，就是尽可能在脑海里把识记的对象变换成具体的物象。从“电脑”这两个字，就能想到自己经常玩的“仙剑奇侠”游戏；要是“领带”，就想自己在某次演讲中所戴的。像悲伤、真理等这样抽象的东西，都不能如实地作为物象浮现在脑子里，那么，怎样才好识记呢？把它们变换成具体的、有形的东西加以想象就行了。

“悲伤”怎样识记呢？想想你自己受到的打击，例如上学期某门功课全班倒数第一就记住了。

至于记“真理”这个词，则需要花费点心思。由“真理”这个词联想的事物容易因人而异，但只要想到述说真理的哲学家的形象就行了。

但是，当中学生要记忆一种思想或抽象的概念时，就需要充分运用自己已有的知识和经验。

我们一般很难记住抽象的概念，所以，在记忆时，要有意识地将其作为我们所见的影像，在心中视觉化。如：爱国者、革命英雄，可恨的汉奸等。把“爱国者、革命英雄”视觉化，我们可以在头脑中显现黄继光在上甘岭战斗以身躯堵敌人枪眼的英姿，他就是一位革命英雄。同样的道理，我们也可以在头脑中显现出一个十足的汉奸的影像，如汪精卫之流。

因此，把抽象的词语或观念与有具体形象的词语结合起来，从而制造出清晰的影像，对于记忆来说，是很必要的。例如，你想象勇气十足的英雄，当他率领部队从战场上凯旋时，受到群众欢呼的场面。你还可以看到懦弱的胆小鬼，面部恐怖地扭曲着，浑身颤抖地钻入床下，这可以说是名副其实的胆怯者的形象。

（4）进行形象记忆的奇特化训练

奇特化训练，就是对一些比较一般化的形象事物进行奇特化想象的一种训练。通过奇特化训练，可以把一般形象变成特殊形象，在头脑里产生较强的记忆刺激信号，从而达到增强记忆的目的。

下面介绍几种奇特化想象法。

①动态法想象。动态法就是使静态事物动起来的想象方法。大家都知道，动态事物比静态事物更容易吸引人。例如，人们愿意看电影而不愿意看幻灯片，儿童喜欢电动玩具而厌烦普通玩具，霓虹灯的动态广告比静态广告更令人赏心悦目。要记住“鸟”这个字，栖息枝头的物象就不如振翅惊飞的物象深刻。要记住“虎”这个字，卧伏酣睡的物象就远不如张牙舞爪的物象清晰。运用这种方法时，不必顾及物象是否会动。要有“喝令三山五岳开路”的气概，让自然界的静物统统动起来。如记“大山、桌子、火炭”，可以想象大山飞移过来，一下子压在眼前的桌子上，把桌子压成了火炭；再如记“高楼、汽车、星星”，可以想象高楼跨上汽车，开着汽车向星星奔驰，星星也迎面走来了。这样会在大脑中留下强烈的印象。运用动态法应该注意，凡是能动的事物，其动作最好恢复常态，否则容易混淆。还应该注意，必须动静相间，松紧有致，否则都动起来了，反而影响效果。

②代用法想象。代用法就是利用甲事物取代乙事物的想象方法。甲乙事物之间的联想是记忆过程中非常重要的环节，如果把甲事物变成乙事物的组成部分，或乙事物变成甲事物的组成部分，记忆效果就相当好。如记“皮球、火车、算盘”，可以想象皮球代替火车轮子的飞转，而火车正行驶在算盘式的轨道上；记“蚕蛹、机枪、大米”，可以想象把蚕蛹当子弹塞进了机枪里，机枪里打出了一粒粒大米，这样就会经久不忘。运用代用法时应该注意，甲乙事物的代替是有条件的，两者最好在形状、音响效果、质料等方面有相似之处，如用皮球代替火车轮子，但用帽子代替火车轮子就不见得妙，就容易忘记。忽视了这一点，代用法便难以收到最佳效果。

③夸张法想象。夸张法就是把某事物夸大或缩小、增多或减少的联想方法。这个方法与汉语修辞的夸张法差不多，就像用望远镜看实物一样，正面看是放大的，反过来看是缩小的。如记“手表、丝瓜、滑梯”，可以想象手表像丝瓜那样大，从滑梯上滑下来；记“火柴、电筒、闪电”，可以想象火柴像电池一样粗，装进电筒里，

一按开关，电筒里射出闪电。运用夸张法应该注意，千万不能混淆原形。你可以把一个馒头想象为一座山，但这座山可不能是桂林石山的模样，而必须保持馒头的形状。同时，夸张中使用的词语最好和后面的词语挂起钩来，这样就容易记住了。

以上三种方法是奇特化想象的基本方法，当然也不局限于此。运用以上三种方法时，要灵活，可以几种方法结合起来，随意使用，以形成清晰的物像，留下深刻的烙印，收到最佳的记忆效果。

④谐音法。谐音法是利用记忆对象中有相同或相似的易记的声母或韵母进行想象的一种方法。

例如，记元素周期表 1～10 号元素，可用谐音法记。氢氦锂，铍硼碳氮氧氟氖（青海里，波平坦荡羊无奈）。

白求恩生于 1890 年，死于 1939 年。可记为白求恩一把（18）手术刀救死（90）扶伤，自己却牺牲于三九（39）天。同时在脑海中浮现出白求恩医生，以手术刀作武器，救死扶伤，为伤员截肢与输血，在抗日战争的“三九天”以身殉职的情形。

⑤图像记忆法。图像法实际上就是利用熟悉的图作为记忆的底板，随后通过奇特联想把记忆对象这些元件装上去的一种形象记忆法。例如，你不妨在一幅很喜欢的山水画上，先把名称特定的景物观察清楚，然后按顺序编上序号，并把它印在脑子里，进而可以把要记的要点和一些中心词（能代表一句话的一些词），用奇特联想的方法把它“控制”在山水画中的各个景物上。回忆的时候，以图为“藤”来“顺藤摸瓜”，便能记住所要记的事物。

如有下面一幅画，首先熟悉它：右边是山，山上有棵松树，树边有个寺庙，庙顶上有个洪钟，钟边有条绳子。中间即山脚下有条河，河上有条船，船上有个渔翁，渔翁头戴一顶草帽，手拿一根竹竿。左边是一片云雾和隐隐约约的山峰。熟悉了以后，把要记的某些词与相对应的各点联系上，这样便能记住。

总之，为了把抽象的不易构成物象的事物记住，秘诀就在于把它与自己熟悉而喜爱的东西联结起来。中学生只要稍加练习，很快就可以掌握形象记忆法。

温馨提示：

形象记忆能给人们留下深刻的印象，也为人们的思考提供了便利，更有助于人们加深理解和消化。形象记忆是促进记忆的好方法，每个中学生都应该掌握这种记忆法。

◆ 由此及彼的联想记忆法

联想记忆法是由此事物想到彼事物的一种记忆方法，靠着它，每个人都能把输入大脑的信息串联起来，构起记忆的网络，从记忆的仓库里提取所需要的信息。联想具有超越古今、横贯宇宙、不合常情及神奇、奇诡等特点，但确实是一种高效的记忆法。

（1）联想记忆法的神奇力量

如果中学生能抓住联想的规律，学会联想记忆的方法，不但有助于记忆，而且还有助于迅速回忆起所记的事物。美国心理学家威廉·詹姆士说："一件在脑子里的事实，与其他多种事物发生联想，就很容易记住。所联想的其他事物，犹如一个个钓钩一般，能把记忆着的事物钩钓出来。"以下就是联想的具体表现形式：

- 利用事物在时间和空间上的联系，由一事物想到另一事物。例如，见到海想起鲸，见到花想到浇水。
- 利用事物在现象和本质方面的类似关系，由一事物想到另一事物。例如，由松树想起英雄，从铁杵成针、水滴石穿想到持之以恒，终获成功。
- 利用事物的对立统一关系，从一事物想到另一事物。例如，由天想到地，由上想到下，由黑暗想到光明。

• 利用事物的因果关系，从一事物想到另一事物。例如，由拿到大学入学通知书，想起电影里常见的手拿毕业文凭，头戴“方帽子”的情景，这顶“方帽子”下面是一张笑眯眯的熟悉的脸——自己的脸。

心理学家罗伯特·依·布伦南说：“如果没有基本法则的知识，就得处理一串串冗长的信息，我们的记忆必定负担繁重。最完美的记忆方法是把现象按因果关系联系起来，因为哲学的任务是研究这种关系，所以我们可以主要通过培养哲理头脑来弥补记忆力的不足。”

根据当代俄国心理学家哥洛万·斯塔林茨所做的实验，任何两个概念，都可以经过四五个阶段建立起联想。比如“木质”和“皮球”：木质—树林，树林—田野，田野—足球场，足球场—皮球。又如，“天空”和“茶”：天空—土地，土地—水，水—喝，喝—茶。

美国心理学家哈利·罗莱因说：“记忆的最基本规律，就是对新的信息同已知的事物进行联想。”联想在中学生的学习中是经常要使用的方法，任何一位中学生只要经过学习都可以运用这个方法。

（2）联想记忆法的原理

联想是确保记忆速成的根本保证，联想是迈入记忆高手殿堂的入场券。那些记忆大师所进行的令人惊叹的超级记忆表演，没有一个不是应用联想的。

记忆必须以联想为基础，而联想则是迅速提取已存信息的快捷键。研究发现，记忆的关键不在于如何输入，而在于检索，即如何在需要的时候准确地提取出来。考试时，大家也一定都有过这样的体验：这道题我其实是会答的，就在嘴边，可怎么也想不起来，有谁哪怕能提醒我一句，我就能全都答出来。可是谁会提醒你呢？等考完试一翻书，刚看第一眼就全想起来了，于是就非常懊悔。这就是检索环节出了问题，而不是谁脑子笨、不好使的问题。

联想之所以能够提高记忆力，主要是因为加深了记忆对象间的联系痕迹，使记忆对象间不再是“老死不相往来”，而是变成相互间有所联系、有所交往的亲密伙伴。至于它们之间的关系到底能亲密到何种程度，完全看你如何从中“斡旋”了，也就是看你的联想深度。可以说，联想就是那个能随时随地给你提个醒的助手。

（3）联想记忆的具体方法

世间万物虽然形态各异，但任何事物都不是孤立存在的，相互间总有千丝万缕的联系，无论是直接还是间接的。因为许多事物间总存在不同程度的共性，因此我们能由甲想到乙，再由乙想到丙……大脑中的信息也由此互通。

联想就如同一张网把千千万万个信息通过联结点串联起来。联想是新旧知识建立起联系的桥梁和纽带，旧知识积累得越多，就越容易产生联想，新知识也就越容易理解和记忆。联想记忆的方法有如下三种：

①使联想内容形象化、具体化。说十遍不如看一遍，实践证明，形象化、具体化的事物更易让人理解，更便于回忆。因此，联想时要尽量使联想内容形象化、具体化。比如当我们说“太阳”这个词时，你脑海里浮现的很可能不是这两个字，而是灿烂的太阳；说“老师”时，你脑海里出现的可能不是“老师”这两个字，而是某位老师的形象；说到“母亲”，你想到的一定是你最亲、最爱的妈妈。所以，联想的内容要形象化、具体化。

②让联想内容动起来。在联想时，要尽可能赋予物体运动的、立体的、多层次的色彩。比如，提到足球，你应该想到运动场上正在滚动或跳跃的运动着的足球，这样运动着的足球给你留下的印象远比静止的留下的印象深刻得多。

关于海，你可想象海的波涛汹涌、大浪滔天，也可想夕阳西下与父母轻松散步时海的温柔。

总之，要让记忆的内容动起来，并尽可能调动身体其他部位的感觉，多层次、立体地去记忆。

③将联想的内容荒诞夸张化。人们往往对于那些荒诞夸张、不

合常理的事经久不忘，相反对平淡无奇的事则容易忘记。相传苏小妹曾以诗戏谑苏东坡的脸长："去年一滴相思泪，至今流不到腮边。"马季相声中曾讽刺过两个吹牛的人，一个说："我头顶蓝天脚踩大地，高得不能再高了。"另一个说："我上嘴唇挨着天，下嘴唇挨着地。"后一句堪称经典，大凡听过的人都会终生不忘。

许多笑话之所以好笑，是因为里面有许多"包袱"，而这些"包袱"里就有很多出人意料的、不合常理的、夸张荒诞的语句，使人们觉得好笑，经久难忘。在联想时可大胆地联想，越离奇夸张越有趣，印象就越深刻，记忆也就越牢固。

温馨提示：

中学生在进行联想的时候，应当试着把记忆的内容同自己联系起来，同自己挂钩，让自己置身其中，而不是做一个局外人、旁观者。

◆ 朗朗上口的歌诀记忆法

人的记忆是以"组块"为单位的，每一个组块内的信息量可多可少，但组块内部的信息不是各自独立，而是相互联结的。如果善于把记忆材料分成适当的组块，就能够大大提高记忆效果。歌诀记忆法就是运用组块规律来记忆的一种方法。

（1）用歌诀记忆更轻松

把记忆材料编成口诀或用押韵的句子来提高记忆效果的方法，叫做"歌诀记忆法"。这种方法可以缩小记忆材料的绝对数量，把记忆材料分成组块来记忆，加大信息浓度，增强趣味性，减轻大脑负担，避免遗漏。歌诀大都押韵，朗朗上口，使人十分容易记忆。

每个人在小时候学儿歌时，都会学得特别快，背得特别好，因为它把枯燥的内容生动化了。长大后，碰到一些枯燥的内容就觉得很麻烦，怎么记也记不住。比如学习生物课的时候，中学生最头疼的就是记不住大量的概念和内容。这样就会使中学生厌烦这门课程。但是如果把一些难记的内容编成歌诀的话，不但可以增强记忆，还可提高学习兴趣。

比如，记忆什么是鱼的侧线，它有什么生理功能。在书上要用五六十个字来解释，很不好记。那么，我们就可以把它编成四句歌诀："鲤鱼体侧有侧线，水流方向它能辨，水的温度知高低，部分声波听得见。"这样就好记多了。又比如，肺泡的构造和生理功能，可以这样编："肺泡构造实在巧，上皮细胞用不少，外面缠着毛细血管网，弹性纤维更是宝，能扩大，能缩小，气体交换条件好。"这几句话念起来顺口好记。有的歌诀是提示性的，如昆虫外骨骼的功能，概括为："一固定，二附着，保护限制加阻挠。"在回答问题时，只要添上固定什么、附着什么、保护什么、限制什么和阻挠什么就可以了。编歌诀的方法有很多，对于课本上比较分散的内容，可以概括在一起。例如关于花的知识，我们可以这样概括："倭瓜花是单性花，雌蕊雄蕊两分家；茄子花是两性花，雌蕊雄蕊在一朵花；小麦花是风媒花，雌蕊柱头有分叉，黏液多，色不佳，轻小花粉随风刮。桃杏花是虫媒花，鲜艳花冠人人夸，芳香的花粉和花蜜，招引昆虫来采花。"

歌诀记忆法的好处是记忆时平仄押韵、朗朗上口，并且生动有趣，使人久久难忘，乃至于终生不忘。

（2）编歌诀记忆效果好

把我们所要记忆的内容编成歌诀来记忆，记忆效果会更好。

下面是几个典型的歌诀记忆法的运用，让我们试一试歌诀记忆法的功效吧。

如《24 节气歌》采用歌诀记忆法，将 24 个节气的每一个节气取一个字，组成一首歌诀：春雨惊春清谷天，夏满芒夏暑相连，秋处露秋寒霜降，冬雪雪冬小大寒。

这首歌将24个节气都包含了进去，而且是按照节气的时间先后顺序排列的，因此该歌诀在广大群众中十分普及。

一年中12个月，每个月的天数不同，又没有明显的规律可以遵循，当然我们在学习时，往往是用拳头记忆法。这里也可以给大家介绍一种歌诀记忆大小月的方法：一三五七八十腊，三十一天定不差。四六九冬三十日，唯有二月二十八。“腊”指的是阳历12月，“冬”指的是阳历11月，通过这么一改编，我们用不着数拳头来记大小月了。

此外，有人还将大小月的差别编了一个顺口溜，非常有意思：七个大月心中装，七前单数七后双。二月是个特殊月，其他各月是小月。只要我们默念这首顺口溜，很快就可以熟悉大小月的排列了。

（3）歌诀记忆法的运用

在中学生的学习生活中，歌诀法的作用是不容小觑的，简单易编，灵活多样，记忆效果相当明显。

利用歌诀记忆法，首先要学会编撰歌诀。歌诀编写时，既要准确，又要符合歌诀朗朗上口的特点。例如在记忆历史朝代的顺序时，可以编歌诀如下：三皇五帝夏商周，春秋战国连秦汉，三国两晋南北朝，隋唐五代加十国，辽宋夏金元明清。又如清朝各代皇帝的顺序可记忆为：努皇顺（努尔哈赤、皇太极、顺治帝），康雍乾（康熙、雍正、乾隆），嘉道咸（嘉庆、道光、咸丰），同光宣（同治、光绪、宣统）。

歌诀记忆法的主要特点在于将要记忆的内容进行高度浓缩，一般做法往往是用关键字来代替全称，或者采用其中字音带有谐音的字来代替全称。为了使歌诀本身在意义上有连贯性，或者结构上符合成句要求，可以适当地增加一些简单的字，例如24节气歌中的第一句尾词“天”，历史朝代歌中的第二句的“连（连秦汉）”，第四句的“加（加十国）”等。

不过，中学生需要注意的是，如果歌诀很不容易编，记忆的对象又并不常用或都很简单，用其他方法记忆也很方便，那就用别的方法。否则为了编口诀而花去很多时间，就有些得不偿失了。

谐音记忆是编歌诀的最好方式之一。所谓谐音记忆法，就是把有些知识按照其他同音汉字去理解，使原来无意义的音节变成有意义的词句，使之更加生动、有趣，从而收到意想不到的效果。

说到谐音记忆法，你一定一下子就想到了那著名的记忆圆周率的谐音记忆法了吧？

圆周率 π 的前 11 位数字 3.1415926535，用常规的方法，是无法记住的，或者只能是临时记住，过一段时间就会忘掉。但如果懂得谐音记忆方法，就可以把这串数字转换成一句话："山巅一寺一壶酒，尔乐苦煞我"，从而轻易地记住它，而且，可以说一辈子都忘不了。

谐音记忆法因为其有趣和音律性极强，能够激发出大脑足够的兴趣，于是在记忆中也更有效率。谐音记忆法可以运用到各门学科中去。

比如记忆年代。马克思生于 1818 年，逝世于 1883 年，可以记成"一爬一爬，一爬爬上山"；甲午战争发生于 1894 年，腐败的清政府溃不成军，你可以记成"一把揪死"。

再比如：记数学公式。用谐音法记忆一次绝对值不等式的解集：

$|x|>a$，$x>a$ 或 $x<-a$；$|x|<a$，$-a<x<a$。可记作："大鱼取两边，小鱼取中间。"同时联想到吃大鱼只吃两边的肉，而吃小鱼掐头去尾吃中间。

记物理中的三个宇宙速度，其法同样。第一宇宙速度：7.9km/s（吃点酒）；第二宇宙速度：11.2km/s（要一点儿）；第三宇宙速度：16.7km/s（要留点吃）。

温馨提示：

巧妙的歌诀需要中学生在平时多留心、多观察，只有这样才能编写出精当上口的歌诀，也才能加深记忆。

做记忆体操，提高记忆能力

提高记忆力需要经常进行记忆力训练，做单侧记忆力体操是提高记忆力的好办法。中学生应该持之以恒地坚持做下去。

记忆力体操其实只是一种比喻，为什么这样比喻呢？其实这是列夫·托尔斯泰说的。列夫·托尔斯泰有着惊人的记忆力，别人问他原因是什么，他解释说是由于自己每天早晨都要强记一些单词或其他内容的知识，他说："背诵是记忆力的体操。"

每天坚持做广播体操，使人身体健康。每天坚持做眼保健操，使人眼睛更明亮。其实，人的大脑也跟肌肉一样，越用能力才越强。每天坚持长跑的人，腿部肌肉一定强健；每天坚持强记一些知识的人，记忆力一定比一般人强。

许多有超常记忆力的人，都有持之以恒地强记知识的习惯。

马克思喜欢背诵诗歌。他从少年时代起，就听从黑格尔的劝告，坚持用一种自己不太熟悉的外语去背诵诗歌，日久天长，他的记忆力越来越强。

宋代女词人李清照经常与丈夫赵明诚比赛猜某一个典故出自哪本书。每天饭后，夫妻俩来到堂屋，沏一壶茶，然后指着堆在那里的经史子集，随便说一桩史事，谁先说出这个典故出自哪本书、哪一卷、哪一页、哪一行，谁就先品茶一杯，答不出的，只能闻闻茶。李清照就是用这种方法锻炼自己的记忆力的。

因写"天下兴亡，匹夫有责"而闻名的清代学者顾炎武，漫游西北18年，行路时，常常用两匹马驮着书籍，自己骑在另一匹马上。他边走边背诵诗文，遇有背不下来的时候，就停下来拿出书来温习，上马之后再接着背。

唐代诗人白居易，即使在条件很差的旅途中，也下苦功吟读背诵。坐船时，他常常读背到后半夜，灯油干了，仍不休息，在黑暗中默默背诵、记忆。他在江州做官时，曾将许多好诗抄在墙壁、屏风和柱子上，随时吟诵，直到深夜。

单侧体操记忆法，就是经常做左半身体操，充分发挥右半脑作用，以增强记忆的方法。

脑科学研究证明，左右脑的功能是不同的。大脑右半球相当于一个表象存储系统，主要记忆各种形象材料，如图形、闪光、音乐、震动等信息；大脑左半球相当于一个字词存储系统，主要记忆语言、文字、抽象符号等。这两半球的分工不是绝对的，而是互相联系、互相配合、互相补偿的。

人的右半脑支配左半身，左半脑支配右半身。大部分人爱用右手，因此造成左右脑发展不平衡。国外学者根据左右脑的不同功能，创编了单侧体操，目的在于加强大脑右半球的作用，以担负部分左半脑的功能。

单侧体操的基本要领是：立正，左手紧握上举，左臂屈伸，仰卧，左腿向上直举，再向左侧倒下；左臂直举靠近头部，自由下垂；身体向左倾倒，以左手和右足尖触地支撑身体，左臂伸直，身体笔直斜躺，弯左膝起身，俯卧撑，左足向上高抬，右臂尽量不用力。

其实，只要左侧身体得到运动，特别是左手得到运动就行，完全可以根据自己的特点自编体操。

在课间或自习课，经常做做单侧体操，有利于增强记忆力。

温馨提示：

中学生进行单侧体操，强化右半脑的功能，减轻左半脑的负担，把两半球都利用起来，会收到惊人的记忆效果。

◆ 第五章 ◆

催生学习智慧的思维能力

思维能力是催生智慧、善用智慧的点金之石。人生的成功贵在行动，而人生的行动需要大脑的思维来支配。不同的思维方式，决定着人生不同的命运。

每个人的思维能力都是在不断培养与不断开发中形成的，而青少年时期正是人生思维能力发展的关键时期。年龄越小，其思维能力发展的可塑性就越大。因此，作为中学生，应当从小就加强对自己思维能力的培养，全面提升自己的思维水平，为自己人生的发展打下坚实的基础。

一、思维能力：开启智慧之门的金钥匙

在日常学习中，有的中学生思想僵化，因此思维常显得呆板、迟钝，学习起来没有创新、没有突破，成绩平平。有的中学生则思维比较活跃、灵活多变，新点子、新念头源源不断，总是用新思路解决老师提出的问题。因此，思维能力决定中学生的学习能力。只有尽快提高思维能力，才能开启智慧之门的金钥匙。

◆ 思维能力：人的智力活动的核心

心理学家认为人的智能结构一般是由观察力、记忆力、注意力、想象力、思维力、语言表达力以及动手操作能力构成，而其中的思维能力是智能活动的核心。

什么叫思维？思维就是推想。有许多概念和定义，人们无法直接感知，只能靠间接地推想感觉到它的存在，即必须靠思维去完成。

思维是人的大脑活动形式，但也必须有材料基础。思维材料有两种，一是语言；二是形象，即所谓的抽象思维和形象思维。比如，有的中学生很怕写作文，为什么呢？没有写作基本功和没有生活底蕴是一个方面，更重要的是形象思维能力差。有的中学生很怕做数学中的应用题，为什么呢？数学基础不扎实，文字理解力低是一个方面，更重要的是抽象思维能力差。

思维是一种复杂的心理现象，心理学家与哲学家都认为思维是人脑经过长期进化而形成的一种特有机能。思维过程是人们认识外界事物的一种高级阶段。思维同感觉、知觉等心理过程一样，都是人对客观事物本质的反映，所不同的是思维反映事物的本质特征，并揭示事物与现象之间各种内在联系，思维就是人脑对客观事物的本质属性和事物之间的内在联系的规律性所做出的概括与间接的反映。

所谓概括的反映，就是反映一类事物的本质和事物之间的规律性联系。感觉与知觉只能反映事物的个别属性或个别的事物，而思维则能形成对外界事物的概括认识。比如，通常感觉和知觉，能够感知铅笔、钢笔、毛笔等各种各样的笔，而通过思维，则可以舍弃“笔”的外形、颜色、制作材料等非本质特征，概括出“笔”是书写的工具这一本质特征。同样，在日常生活中可多次看到：在太阳照射的地面上洒水，水一会儿就干；洗好的衣服经太阳一晒，也会变干；火炉上烧水，不仅水开冒汽，时间长了还会烧干。在这些经验的基础上，通过思维就能够概括地认识到水经加热之后的变化，即水加热到一定温度就会蒸发。

所谓间接的反映，就是以其他事物为媒介，借助已有的知识、经验来反映客观事物。比如，虽然未看见雨滴、未听到雨声，但早晨起来见房顶、地面潮湿，就能推知昨晚下过雨。感觉和知觉只能反映直接作用于感觉器官的事物，而思维则总是通过某种媒介来反映客观事实，即借助已有的知识经验去认识那些没有直接感知过，或根本不可能感知到的事物。

第二次世界大战期间，前苏联某军港停泊着许多苏军舰艇，气氛平和，一片静谧。

突然某个军官报称有紧急军情。原来他发现港湾海面上海鸟明显增多，再看是海底鱼群大量游到海面将海鸟招引来的。

他断定，海底一定有德军潜艇来袭，不然海底鱼群不会上浮。

苏军将领根据这一报告，立即命令所有舰艇离港，继而封锁海港，成功地打击了德军潜艇。

这场海战的成功依靠了前苏联军官见微知著的思维判断，他根据海洋鱼群上浮海面，间接地推断出海底有潜艇的情况。

从心理学的角度来说，思维过程是高级的心理过程，它是在人们感觉、知觉、记忆等过程的基础上产生的，而且比这些过程更复杂。思维过程主要是通过对感知的表象进行分析、综合，去伪存真、去粗取精，从而把握事物的本质。

人们对客观事物的认识，第一步是接触外界事物，产生感觉、知觉和印象，这属于感性认识阶段；第二步是将综合感觉的材料加以整理和改造，逐渐把握事物的本质、规律，产生认识过程的飞跃，进而构成判断和推理，这属于理性认识阶段。

例如：看见图画里的人物穿着棉袄，这是感知过程，是对图的直接反映。青少年通过看图，知道画面上的那个地方很冷，这不是直接感知得出来的，是由于看见图画里的人物穿着棉袄而推想出来的，是间接的反映。我们为什么能够从穿棉袄想到天气很冷？这是因为过去曾经有过多次直接经验，天气很冷的时候，人们就要穿上厚衣服、穿上棉袄。把这些经验概括起来，我们就知道，冷天穿棉袄，穿上棉袄的天气是冷天。由此可见，思维过程有两个基本特点：一是间接，二是概括。

事物的本质和规律性的联系隐含在事物表象的背后，如果没有思维，就不可能反映出事物的本质和规律性的联系。所以，思维是人们认识世界、分析问题、解决问题的最重要的工具。如果一个人的思维发展不足，思考力差，就会只看到事物的表象，抓不住本质。

难怪，人们称思维是智能活动的核心！

可见，中学生发展思维能力十分重要。思维能力对一切人才成长都很重要，尤其是对思想家、理论家、科学家的成长更加重要。

温馨提示：

为了提高自己的思维能力，每一名中学生都应该利用一切机会，让自己透过事物的表面现象，去认识事物的本质。

◆ 分析与综合:两种最基本的思维方法

人类的思维活动总是循着“综合—分析—再综合”的道路前进的。因为分析和综合是学习和工作中解决问题最基本的方法，所以，每个中学生都应学会并掌握和灵活运用这两种方法。

（1）分析法

分析法是在头脑中把整体分解为各个部分或各个方面，把整体的个别特征或个别属性分离出来。如把植物分解为根、茎、叶、花、果实等组成部分；把花分解为色、香、味等不同特征或属性；阅读时常把书的内容分解成若干部分、若干方面、若干知识点，从不同的层次结构上去掌握。

分析是认识事物的必然阶段，如植物学家只有确认了某种植物的花与果实，才能将其归类。

（2）综合法

综合法是在头脑中把一个事物的各个部分或个别属性有机地结合为一个整体。如把根、茎、叶、花、果实综合成一株植物，进行考察；把文艺作品的各个情节联成完整的场面，进行综合思考、评论；在阅读中把知识的不同方面、层次和知识点综合为系统性的知识，或建构为整体知识结构，都是综合法的运用。

综合法的应用有利于从整体上把握事物，有助于知识的贮存和提取。如果把已有的知识进行分解，进行新的组合，使之形成新的知识，则是知识创新的表现。

（3）分析法与综合法协调运用

分析和综合虽然是彼此相反的过程，但是它们常常是紧密联系在一起组成统一的分析和综合的思维过程。

①对整体的分析，同时也是对它的综合。在思维活动中，分析和综合往往是交互进行的。因为分析不仅要分解出整体的部分、方面和特征，同时还要揭示存在于整体之中的各部分之间的联系和关

系。例如，在阅读一本书时，总是要分章节、分段落地学习领会，之后还要把各章节、各段落的意思和要点，以及知识的不同部分、不同方面、不同层次加以综合，联成一体，融会贯通，构成整体知识结构。

有分析的阅读，能够了解知识的细节，学得深透，不致囫囵吞枣，一知半解。分析之后，又进行综合，能够融会贯通，获得系统而完整的知识结构，不至于断章取义，以偏概全。

②分析和综合的统一性在于有机地建构整体认识。分析是从整体开始的（最初的综合），分析（对整体的部分、方面和特征的分解）又是达到认识整体的手段、途径和方法，再通过分析就对整体认识得更深入、更充分（再次的综合）。

例如，老师在课堂上讲解一篇文章时，先把文章的主题意思和内容层次结构及总体概貌告诉学生（最初综合）；然后，老师讲述各段、各句的意思，即内容的构成层次、部分和方面知识要点（分析）；再指出各段落的联系，文章的主要思想和精神实质、艺术特点和表现手法，以及文章内容的逻辑系统性和整体知识结构（再次的综合）。

③按照科学的思维过程思考。在任何思维过程中，都包括这三个环节：最初的综合—分析—再综合。如果保持这三个环节相互协调一致地进行，就能使思维过程进行得顺利，就能使揭示事物和事物间的本质特征和本质联系的任务得到完成，使人掌握系统化的知识，建构整体的知识结构，从而获得系统而又完整的认知架构。如果这三个环节之间脱节或分裂，思维过程就难以进行，提出的任务就难以完成，就不能获得系统而又完整的知识结构。

温馨提示：

中学生必须学会运用分析与综合这两种最基本的思维方法，这样才能获得系统而完整的知识结构。

◆ 善于思维是中学生良好的学习品质

“学习知识要善于思考、思考、再思考。”杰出科学家爱因斯坦的这句话，为思维对学习的重要性做出最准确的注解。

中学教育一般强调的是重视培养中学生思考问题、探索问题的能力，每位教师都希望将学生培养成为具有独立行动和独立思考能力的人。无论是中考，还是高考，不仅要考验每一个学生的记忆能力，还要考核其理解和思考能力。死记硬背、不求甚解、不会分析、不善思维的中学生是不会考出很好的成绩来的。

从学习知识的角度看，思维能力较强的中学生，可以对一个问题全面分析，并善于总结分析，从中找出与之联系和规律性的东西。这对理解和巩固知识是非常必要的。从以往的经验来看，中学生在学习中掌握和运用思维能力和思维方法，是获得学习成功的重要手段。中学生无论是在现在的学习还是未来的生活工作中，善于思考、灵活思维都是必须具备的品质。

中学生只有备具这种品质，才能随着学习内容的扩展、学科课程的增加，心理不断成熟，方法不断改进，注重内容理解，提高听课质量，增加独立解题能力，这样的中学生无疑会成为“天之骄子”。

思维与学习的关系十分密切。不爱动脑、不善思考的人，什么都学不好。因为只学不思是根本得不到真知的。

众所周知，智力水平是决定中学生学习知识的速度与深度、掌握知识的数量与质量的根本内因。思维能力是构成人的智力的基础，也是表现人的智力的灵魂。

培养中学生的思维能力，就是让中学生在学习中学会从具体到抽象、从现象到本质、从感性认识到理性认识。在目前学校各门课程的学习活动中，中学生大量地进行读、写、算，即阅读、写作、计算、分析、逻辑推理和语言沟通等训练。整个学习过程即是以语言、逻辑、数字和符号为媒介，以思维力为核心的智力为主导。这说明，思维力在教学中占有绝对优势，在学习知识中发挥着重要作用，没有思维力的参与，就无法进行任何方面的学习。

一个中学生的聪明与否，或者智力水平如何，有先天的因素，但更主要的是后天的培养锻炼。中学生在平时的生活和学习中多思考、善动脑子对思维力的培养是很有帮助的。

因此，培养与提升思维能力是提高中学生的智力和提高学习成绩的灵魂。

温馨提示：

中学生要常鼓励自己想问题时深入思考，脑子才会越用越活，越用越聪明。这样做，思维的惰性不仅减少了，而且思维能力也会逐渐提高。

◆ 中学生需要积极拓展自己的思维能力

思维是复杂的脑力活动，自然比较艰苦，但中学生应当养成喜欢思考的良好习惯。美国发明家爱迪生的实验室里贴着一条雷诺兹爵士的语录："人总是千方百计地逃避真正艰苦的思考。"在这一句后面，爱迪生加上自己的一句话："不下决心培养思考习惯的人便失去了生活中的最大乐趣。"把思考看成是生活中的最大乐趣，有了这种热爱的感情和高度的自觉，思维训练就能不断取得成果。

在日常生活和学习过程中，中学生要培养自己"凡事问一个为什么"的习惯。我国古代大思想家孟子提倡存疑，他认为有疑问的学习才能促进思维能力的发展。为此，他就要求学生在学习过程中要有存疑的精神，反对那种没有疑问的学习，他还说："尽信书，则不如无书。"

例如课堂上老师让学生说明外因通过内因起作用的实例。第一个同学说："鸡蛋能变小鸡。"老师点了点头，又问："为什么呢?"第二个同学答完"不知道"后便坐下了。第三个被突然点了名的学生动了一下脑筋后回答说："因为它是生的。"显然，第一个同学是对课本的复述；第二个同学是不动脑筋的缄默；第三个同学虽用词不当，但却用自己的思维触及了"生鸡蛋具有生命力"这个相对真理。

在平时学习中，中学生还要培养有条理、有根据的思维习惯。例如，在作为锻炼中学生思维能力体操的数学课上，不应只是要求自己做的题答案正确，还要让自己在掌握算理、算法、编题、解题、用简练准确的语言叙述自己思维的过程中，使自己思维的每一步都有条理、有根据，符合逻辑法则。

中学生还应培养自己一问多思的习惯。一问多思有两层意思：一是要求自己有较大的思维广度，不满足于针对问题已有的一个答案，而是通过多思做到一问多答、一题多解；二是要求自己有一定的思维深度，对问题的思考不能浅尝辄止，不要满足于目前对这一问题的思维结果，而要持之以恒地反复思考，使认识日益深入，直到能抓住问题的本质和关键，获得比较满意的结果为止。

一位数学家说过一段发人深省的话："就数学来说，它的推理十分严谨，但是往往掩盖其原始思想。如果仅仅是看懂了推理的过程，还不等于掌握其精神实质。过去我们在学习时，对于数学上的重要概念或定理，在将其含义和推理搞清楚后，还要仔细推敲：前人是如何发现和建立它的？有什么背景？如果我们处于他当时的境地，将要怎样做？定理的证明思想是什么？定理的条件是否都必不可少？结论能否再加强？是否可以举出反例？经过这样一系列的深入思考，认识和理解就会不断加深，对这内容就真正掌握了。”

确实，中学生经过这样深入的思维，不仅可以“真正掌握”知识，而且也有助于克服思维的惰性，从而训练思维能力。

知识和能力是互相促进的关系，丰富的知识无疑会促进思维能力的发展，任何思维都是在一定的知识基础上发展起来的。

比如：中学生要运用比较思维，就必须对所比的两件事物有通盘的了解，并且找出类比事物的类比点；中学生要运用系统化思维，就必须有扎实理解和熟练掌握具体知识点的基础；知识是想象的“翅膀”，“观古今于须臾，抚四海于一瞬”，也只有在掌握丰富的知识以后才有这个可能。

平时各门学科的学习和训练是锻炼思维的基本途径。此外，中学生可以通过体育锻炼间接地进行思维训练；利用一些游戏活动提高思维的能力；抓住阅读、写作、说话、观察、收听广播、观看影视等各种机会，做思维能力的自我锻炼。

温馨提示：

为了培养思维能力，中学生一定要扩大视野，夯实知识基础，提高所掌握知识的质量，使思维成为有源之“水”，有本之“木”。

二、提高思维能力：条分缕析，丝丝入扣

人们对任何事物的判断都是通过大脑的思维来实现并得出认知的结果。中学生开发思维能力，可以更客观地了解万物，更全面地抓住本质，更理性地做出判断。中学生要利用各种机会和手段，充分拓展和提高自己的思维能力。

◆ 掌握科学的思维技巧，有利于多向思维

无论是学习、做事，还是处理问题，中学生掌握正确、科学的思维技巧都十分重要，这样有利于多向思维。

（1）发散性思维——从一点向四方散发开去

假若你独自一人到了某个大城市，要去一个从未去过的地方办事，而且你的目的地在一个相当僻静的路上，连当地人也未必知道，这时的你会怎么办？

你的头脑可能会出现以下几种方法：

- 向别人问路；
- 买一张本市的地图查找；
- 问交通警察；
- 坐出租汽车；
- 查阅电话号码簿，打电话问明方向。

像这种思维方法就是发散性思维法。它是从同一个思维出发点探索多种不同答案的思维过程和方法。发散性思维的思维方向分散，沿着各种不同方向进行思考，它使人的思维趋于灵活、多样，富于变通与创造性。在创造性的思维过程中，发散性的思维是占主导地位的。

（2）聚合思维——广阔的思路聚集成一个焦点

聚合思维是一种从不同来源、不同材料、不同方面探索一个正确答案的思维过程和方法。

1960 年，英国某农场养了约 10 万只小鸡和小鸭，因当时饲料紧张，所以该农场购进了一批霉花生喂养，结果几个月内这些小鸡和小鸭都得癌症死了。1963 年，澳大利亚又有人用霉花生喂大白鼠、

鱼等，过了些时候，这些动物也遭遇同样的结果，在中国也有类似例子的实验。

人们由此推断：吃霉花生是使这些动物致癌死去的原因。后来，人们通过进一步化验研究，发现了霉花生内含有黄曲霉素，而黄曲霉素正是一种致癌物质。在黄曲霉素发现的过程中，人们所运用的思维方式就是聚合思维法。

(3) 逆向思维——从改进圆珠笔说起

逆向思维，即人们一改习惯的思路，将问题倒过来想一想。

圆珠笔是匈牙利人在20世纪40年代前后发明的。它问世后不久，就风靡一时。但是，由于笔珠在书写时受到磨损，用到一定时候就会漏油，以致弄脏纸张，结果很快又出现了销售危机。为解决这个问题，很多人在动脑筋、想办法，他们想，问题既然出在笔珠上，就应该在提高笔珠的耐磨性上做文章，但长期也没有解决这个问题。后来，有个名叫中田腾三郎的日本人来了个“反其道而行之”，他不在笔珠上下工夫，而把注意力转移到笔芯上。当时通过统计，他知道了当圆珠笔写到15000字后就会开始漏油，于是他致力于把笔芯中的装油量减少到圆珠笔磨损到开始漏油之前已经用完。油用完了，就换支笔芯，笔可以继续使用，这样终于巧妙地解决了漏油问题。

中田腾三郎解决圆珠笔笔头漏油问题的思路，可以说是“逆向思维”的一个典型例子。

通过逆向思维，往往可使人们想到许多按通常思路所意想不到的东西，无论在科学技术史上，还是在现实生活中，运用逆向思维而取得成功的事例屡见不鲜。

(4) 侧向思维——他山之石，可以攻玉

侧向思维，也叫旁通思维，这是从其他事物受到启发，从而产生新设想的一种思维方法。

阿基米德在踏入浴缸的一刹那，看见从浴缸边外溢的水。他思考了一会儿，悟出了其中的道理，用这种方法比较了国王让它检验是否是纯金铸造的皇冠与同等重量的纯金块的体积，结果发现王冠排出的水比金块排出的水多得多，因此断定了王冠里掺入了比黄金轻的银。

阿基米德解开王冠之谜，从思路上说，他运用了侧向思维的方法。

当一个人对某一个研究目标寻根问底时，他的大脑皮层里会建立一种优势灶或兴奋区域。一旦这种思维受到某个偶然事件启发，就实现了“优势灶”的灵感激发。于是“触类旁通”产生好主意或新设想。

（5）科学思维——揭开蝙蝠之谜

人们早就发现，蝙蝠在黑夜能快速飞行，而又不会撞在障碍物上。科学家为了解开“蝙蝠之谜”，根据已有的知识，提出这样一个猜想：蝙蝠具有很强的视力。根据这个假设，我们推导出一个结论：假若把蝙蝠的眼睛蒙上，它就会撞在障碍物上。

于是科学家设计了一个实验，把蒙上眼睛的蝙蝠放在系有很多铁丝和铃铛的屋子里，结果发现蝙蝠仍能快速飞行而不发生碰撞。后来科学家根据超声波的知识，又想出一个假说：蝙蝠能在夜里避开障碍物，是由于它能发出一种超声波，而耳朵可以听到这种超声波遇到障碍物后产生的回声。由此他们又提出一个推论：假若把蝙蝠的耳朵塞严，它就会碰在障碍物上。

于是科学家又设计了一个实验，他们把塞上耳朵的一些蝙蝠放入房子里，结果这些蝙蝠到处跌跌撞撞，完全失去了躲避障碍物的能力，由此科学家就得出结论：第二个假说是成立的。

这个实例虽然浅显却十分典型，它相当完整地说明了科学思维的方法。

美国哲学家萨默维曾完整地提出了科学思维的五个基本环节：

- 问题的发现和表达；
- 假说的提出；
- 由假说进行推广，提出一些具体结论；
- 根据观察和实验验证结论；
- 引出结论。

问题的发现和表述——为什么蝙蝠在黑夜里快速飞行而不会撞在障碍物上，这是科学思维方法的起点。为了揭示现象的谜底，根据已有知识，提出多种猜想，建立了具有科学性和推测性的假说。提出的假说能否成立，需要加以验证，但往往难以直接验证，因而在此假说上推导出一个或几个可以通过观察和实验加以直接验证的结论。假若推出的结论与实验结果不符，则假说被推翻，假若相符，就可以说假说没被推翻，但仍需多次验证。科学思维是一种最具创造性的思维，也是最严密的一种思维，纵观科技发展史，绝大多数科学理论与科技发明的提出与产生都是沿着这样一条思路进行的。

温馨提示：

中学生在学习和生活中，既要掌握发散思维方法，又要掌握聚合思维方法；既要掌握逆向思维方法，又要掌握侧向思维法，最终掌握科学的思维方法。

◆ 多动脑筋，培养思维的灵活性

思维的灵活性是指善于根据事物发展变化的具体情况，审时度势，随机应变，及时调整思路，找出符合实际的解决问题的最佳方案。

人们说一名学生“机智”，就是指其思维具有灵活性。据心理学家研究，20% ~30%的初中生具有极好的思维灵活性，高中生具有这种思维能力的人数比例更大。这些中学生能活学活用，在遇到难题时，能多角度思考，善于发散性思维，又善于集中思维，一旦发现按某一常规思路不能快速达到目的，能立即调整思维角度，以期加快思维过程。高考试题大多是灵活性很强的题目，只有善于应变，触类旁通，方能越关夺隘，攻克难题。

培养思维的灵活性是中学生学习的一个重要环节，具体有以下 3 个策略。

(1) 灵活解题，培养迁移能力

思维的灵活性主要体现在解决问题时的迁移能力上。中学生必须有意识地培养自己的迁移能力，从而能够灵活地解决学习中的一些问题。

例如，中学生在学习人物肖像描写时，就要有意识地把在课文中学到的描写人物的技巧运用起来。比如，写人物的笑，就要想到学过的一些课文中相关的描写方法。在《葫芦僧判断葫芦案》中，对课文中的“笑”所表现的人物心态进行分析，再拿出《红楼梦》第四十四回的一段摘录，认真分析其中每一个人的“笑”分别表现了他们的什么个性。同时阅读《祝福》，分析祥林嫂“三哭”、“三笑”的背后揭示了什么主题，细细体会生活中周围人的一颦一笑所表现的内心活动。这种训练会使分析作品中人物的能力和写作中刻画人物的能力大大提高。

(2) 一题多解，培养思维灵活性

进行“一题多解”的训练，是培养思维灵活性的一种良好手段。中学生通过“一题多解”的训练能沟通知识之间的内在联系，提高自己应用所学的基础知识与基本技能解决实际问题的能力，逐步学会举一反三的本领。

结合“一题多解”来训练思维的灵活性，使自己在思考问题的起点、方向上及数量关系的处理上，不拘泥于一种方式，而是根据需要和可能，随时调整和转换。

（3）多读文章，培养思维灵活性

一般地说，文章是作者进行创造性思维的成果。文章的创造性，主要体现在它的构思和语言的运用上，体现在文章的思想观点和表达方式上，不同体裁的文章自然各有特点，即使同一体裁中的同一内容的文章，也风格各异。在阅读优秀文章时，善于发现它们的不同，善于吸取它们各自的特点，对于发展自己的思维是有益的。多读各种不同的文章，既可以获得知识，又可以借鉴各种不同的思维方式和写作技巧，可以从比较中学习到从不同角度观察事物、思考问题的方法，可以培养思维的灵活性。

中学生参与学习活动的关键是思维的参与活动，如果不能激发积极的思维活动，就不能算是有效的思维活动。因此，在学习中，要留有足够的思维时间和空间，使思维活动有效地参与到学习过程中来。在学习活动中，要学会从不同的角度、不同的方向用多种方法来解决问题，从而培养自己思维的灵活性。

温馨提示：

中学生要培养思维的灵活性，就要多动脑筋，加强学习，在实践中探索新思路、验证新方法，并及时总结、改进。

◆ 多角度思维，培养思维的变通性

俗话说，人不能一条道走到黑。在学习的过程中也是这样，如果按照自己习惯的方法想问题一时难以奏效，不妨换个角度。当然这样做并不容易，关键是中学生在平时要养成多角度思维的好习惯。

（1）善于举一反三

中学生常为老师布置的习题多而烦恼，语文老师布置作文，政治老师要求社会调查，英语要求背单词，这么多作业，那么什么时候才能玩呢？要是有个好的方法能把这些事一下子都解决就好了。

发散性思维、创造性思维与创造发明、创造性的工作、创造性的学习都有密切的关系，现介绍一个举一反三的例子，对中学生培养发散性思维方式可能有所启迪。

某中学初一年级几个聪明的学生运用了发散性思维方法，顺利解决了玩和做作业似乎不可兼得的矛盾。那是一个星期天的早晨，同学们分成三人一组一起去参观航天展览会。去的路上，三人互相背着英语单词，一人背，两人纠正，结果在来回的路上把一课的单词全背出来了。参观展览会后，他们把自己的感受和周围人的议论记下来写成调查报告交给了政治老师。然后把其中印象最深的一段，经过艺术加工写成作文交给了语文老师。当然，参观的过程也是痛痛快快玩的过程，使精神舒畅了一下，取得了一举三得的效果。

（2）养成多角度思考问题的习惯

培养发散性思维的能力，离不开变通性的培养。培养变通性，重要的是中学生要给自己寻找发散性思维的机会，安排一些能刺激自己发散性思维的环境，逐渐养成多方向、多角度思考问题的习惯。可要求自己结合各科学习做一些尝试。

例如，在语文学习中，自己学字词时，可在学一个生字词的同时，联想许多含有刚学的词语的句子；学一句成语，联想一连串成语，还可以要求自己以很快的速度说出这个成语的同义词和反义词。在作文学习中可以进行扩写的训练、改写的训练、同一题目写成多种体裁文章的训练；同一问题、同一素材表现多个不同的主题的写作练习；给同一篇文章尽可能多地写出合适的标题的训练；给一篇没有结尾的文章设想几种不同的结尾的训练等等。

在数学学习中训练自己多种思路，从不同的路子，用不同的方法解题。因此，有的老师经常让学生做一题多解的练习。有的学生从小学一年级开始就进行创造性的思维训练，只要坚持训练就能达到较好的水平。

中学生在物理学习中，除运用一题多解的方法外，还可在学习物理现象时，结合科学史进行思考，尽管各种学说在接近真理的距离上各不相同，但通过激发自己的发散性思维，在开拓多种思路方面是有很大作用的。

温馨提示：

中学生应当注意在学习、生活中出现的一些现象，沿着各种不同的方向去思考，从一个问题发散出发，做到触类旁通，举一反三。

◆ 培养创造性思维，使自己更具创造力

创造性思维是智力活动的重要组成部分，它是一种摆脱了习惯定式解决问题的思维方式。现代心理学研究表明，创造性思维是人类一种积极的心理活动，也是智力水平高度发展的表现。它的主要成分是发散性思维，即思考者根据已有的知识、经验和现象，沿着不同的方向去思考，寻求事物的多样性，并提出新的方法。中学生要想开发自己的智力，培养创造性思维能力必不可缺。

据心理学家研究，创造性思维能力较强的中学生常常表现出以下特点：

- 听课、阅读、观察、做作业时专心致志，能自觉排除外界的干扰；
- 常在预习、听课、与人交谈中发现问题，愿意与人讨论或

争辩；

- 善于从看来不相干的事物中找出它们的内在联系；
- 具有敏锐的观察和提出问题的能力；
- 观察问题非常细心，能观察出别人不易发觉的问题；
- 经常在空闲时思考自己感兴趣的问题，兴趣稳定；
- 学习兴趣浓厚，求知欲强，好奇心强；
- 敢于对权威性的观念提出疑问；
- 经常思考一些现象发生的原因；
- 研究、解决问题时经常有自己独特的方法；
- 常常提问“还有别的办法吗”，喜欢探索各种可能性；
- 喜欢对事物的结果进行预测并愿加以验证；
- 遇到挫折不气馁，信念坚定；
- 有所发现时，精神异常兴奋；
- 出色完成作业或实验后也有兴奋表现；
- 在做创造尝试时废寝忘食；
- 能不断提出新设想，在娱乐时也能产生新设想；
- 喜欢追根问底，以搞清事情的来龙去脉；
- 在干扰严重的环境里仍能埋头自己的学习，常觉得时光过得太快；
- 愿意把自己的发现告诉别人；
- 讲话或作文时常常使用类比和推断；
- 能较好地掌握阅读、书写和描述事物的技巧；
- 走在街上或在家里，仍然思索课堂上学到的知识；
- 用自己的独特方式总结、概括学过的知识；
- 谈吐幽默，常用新鲜语言；
- 喜欢给别人挑毛病；
- 喜欢动手探索。

了解上述特点之后，中学生可朝着适合自己的方向培养创造性思维。一般说来，培养创造性思维能力，应注意以下五点：

（1）有强烈的好奇心

好奇求知是人的本能需要，处于强烈求知欲阶段的中学生更是如此。中学生要经常对周围的事物和学习中的问题多问几个“为什么”、“怎么样”，这样可以促使自己去感知、思考周围的一切，能不断地增强创造性思维能力。

爱因斯坦小时候曾想：雨为什么会从天上掉下来？月亮为什么不掉下来？爱迪生追问老师：2 加 2 为什么等于 4？伽利略在教堂看到挂灯摇摆的距离不相等，但所需时间相等，感到纳闷，心想，一定有个规律，就在这种好奇心的推动下，他发现了“摇摆的等时性定律”。

这些事例告诉我们，对司空见惯的事物、现象都可问个“为什么”。要知道，“好奇”的萌芽具有无比的生命力，它一旦萌动发育，就会成长为茁壮的“创造”之树，那葱绿的枝叶之间将结出丰硕的创造之果。人间如此美好，不正是由于有了这些创造性思维的果实吗？

（2）好动脑筋

人脑潜力极大，挖掘潜力的办法，便是经常用脑。在保证健康的前提下，脑子越用越灵。经常用脑，记忆力就好。同理，经常使用创造性思维的方法，创造性思维能力就越强。

中学生要培养好动脑筋的习惯，就要设法使自己不去关注低层次的吃喝玩乐，而是设法让自己迷恋学习。

华罗庚小时候贪玩，荒废了功课，考试常不及格，同学们叫他“华呆子”。入初中后，华罗庚开始用功，迷上了数学。初中毕业后，他因交不起学费而辍学，在家帮助父亲做小生意。但他仍迷恋着数学，从老师那里借来数学书籍，每天花 10 小时钻研数学。几年苦读，他的水平大有提高，19 岁时发表了第一篇论文，28 岁当了教授。他自学成才，写出不少高水平论文和著作，成为举世闻名的数学家。

米丘林是俄国著名的园艺家。他十几岁就开始钻研园艺，不知经历了多少困难和失败，包围他的不是赞扬和荣誉，而是讥讽和责难。然而米丘林只是迷恋着事业，他在几乎无人支持的条件下，从事了42年的园艺研究，创造培植了350种新水果和浆果植物。

中学生如果能把米丘林这种迷恋事业的精神学到手，那么一定能大大增强创造性思维能力，战胜学习中的艰难险阻，读书时成为优秀学生，将来参加工作，也一定能在本职岗位上做出创造性的大贡献。

(3) 不盲从权威

我们在认识客观世界时，不能囿于现有的结论，不能迷信教条，不能盲从权威；要敢于对众人通常认为完美无缺的结论，从新的角度给予重新思考、分析和审视。这样，创造性思维能力就会不断增强。

伽利略是意大利著名物理学家和天文学家。他在母校比萨大学任教时，做了一件令科学界大为震惊的事情，那就是他否定了当时的物理学权威亚里士多德的理论——“物体降落的速率和该物的重量成正比关系”。当时，比萨大学的师生绝大多数是相信亚里士多德的。在这种情况下，一个25岁的年轻人，不盲从权威，勇敢地向权威挑战了。

他选择了比萨斜塔作为实验场所，请来了许多教授观看他的实验。他带来两个铁球，一个1磅重，另一个10磅重。他站在斜塔上告诉观众：“这两个铁球，一松手会同时落地。”这时，下面的人群纷纷嘲笑起来，骂他是疯子，甚至有人还高呼：“亚里士多德的理论万岁！”

谬误终究抵挡不过真理。伽利略以思维的批判性和独创性顶住了所有的嘲讽和压力，他一松手，两个大小不一的铁球同时落地，实验成功了。独创战胜保守是历史的必然！

（4）发展想象和联想能力

发明创造，总是与想象、联想紧密相连的。

爱迪生见《派克科学读书》上说重碳酸钠沸腾散遇水后变成气体，就想到气球之所以能升上天，不就是因为肚子里有气吗？既然这样，人吃了沸腾散不也能飞起来吗？于是他欺骗邻居小孩喝了一些，结果非但不能腾空，而且差点要了那个小孩的命。恶作剧不可取，但爱迪生的想象力十分丰富，这对发展他的创造性思维能力无疑是十分有利的。

爱迪生在老年时，曾有人问他，何以有这么多的发明。他没马上回答，而是随手从衣袋里掏出一本笔记本，上面记着他匆匆写下的不完整的句子和许多奇妙的设计图。爱迪生说，隔一个星期他要换一个笔记本，把受到的启迪和产生的想象、联想记下来。他就这样记录了一生，创造了一生。

想象和联想是创造性思维过程中必不可少的一个环节，人们在酝酿创造中总是根据一定的动机去想象、联想，创造动机，借助想象和联想的翅膀，就能翱翔于无限广阔的创造性思维的蓝天之中。

（5）善于综合利用信息

愿意思考的人，就会产生新观念，也能接受各种信息，主客观的信息交融，就容易萌生新思想、新方法。

西班牙马德里大学的兽医专家放轻音乐给母鸡、奶牛听，结果增加了蛋和奶的产量。这是因为音乐使母鸡、奶牛兴奋，促进它们的食欲，结果多吃饲料多产蛋奶。专家又想，牙病患者镶牙后一般都会增加体重，于是就给乳牛镶上了不锈钢假牙，奶牛咀嚼饲料比以前容易多了，食欲也随之增大，牛奶产量进一步提高。

科学家为了提高牛奶产量，把许多信息综合在一起，采取综合措施，如控制温度、光照，改进饲料中各成分的比例，放音乐、镶牙，使产奶量得到很大的提高。

这种综合运用信息的方法，能大大增强创造性思维能力。

温馨提示：

中学生应当在自己的学习生活中体现出创造性，利用一切机会培养自己的创造性思维能力。

◆ 培养逻辑思维，让思想更严密、更准确

逻辑思维是指人们在认识的过程中借助于概念、判断和推理来反映现实的过程。

进入青少年时期以后，人的智力发育在生理上基本成熟起来，已经从具体的形象思维过渡到以抽象的逻辑思维为主了。尤其是初中阶段，是发展抽象逻辑思维能力的重要阶段。

在这个时期，这一能力的水平如何，常常是学习水平高低的重要标志。抽象思维能力差的中学生，大多是在初二学习《平面几何》之后，和同年龄的学生拉开了距离。据调查资料显示，中国科技大学少年班的同学，差不多都是在初二学了《平面几何》之后突然跃入前列、遥遥领先的。

不论是学理还是学文，中学生都不能忽视培养和提高自己的逻辑思维能力。

1609 年，荷兰的一个磨眼镜片的工人里泼斯，无意中透过两块镜片来看各种物体，发现远处的东西好像就在眼前，于是他发明了世界上第一个望远镜。可是，他缺少知识基础，更缺乏逻辑思维能力，不会从这两个镜片的偶然组合中抽象出所隐含着的普

遍规律。当伽利略得知这一消息之后，凭着他的渊博知识和强大的逻辑思维能力，很快就研制了能放大32倍的望远镜，并用来做天文观察，证实了行星绕太阳运转的哥白尼日心说，在当时影响极大。

再比如：有一位大学毕业生的论文，写的是“预先变形对退火时间的影响”。他总共只试验了四种材料，一种是20号铜，退火时间缩短；一种是纯铝，退火时间延长；还有两种是紫铜、黄铜，退火时间没变。他的论文结论却说：预先变形对部分金属材料可以缩短退火时间。显然，这个结论错了。错的根源是不符合归纳推理的要求。所试的材料中只有一种材料是缩短了退火时间，怎么能得出就是“部分材料”的结论呢？这是中学时没学好逻辑思维方法的结果。

从事文科方面的工作也同样离不开逻辑思维能力，当记者要采访科学家，当编辑要编科技书刊，当作家要写科幻作品，当语文教师还要讲科技内容的课文。更何况形象思维和抽象逻辑思维是相辅相成的，抽象思维能力低也难以学好文科课程。

那么，中学生怎样才能提高自己的逻辑思维能力呢？

第一，自学一点有关逻辑学的知识，了解抽象逻辑思维的方法。第二，学会自我分析法。不论上什么课，对着课文认真思考这一课的来龙去脉和前因后果，为什么安排成这样的顺序？道理在哪里？用的是哪一种逻辑方法？能不能换一种逻辑方法？如果换，该换成什么样？中学生可以试一试。这样自我分析得多了，逻辑思维能力也就自然提高了。

温馨提示：

中学生应灵活运用抽象思维来进行逻辑推理，在一定已知条件下，对事物做出正确而有根据的推断。

◆ 培养发散性思维，使头脑灵活起来

发散性思维是创造性思维之一，它能够使人们沿着各种不同的方向去思考，其结果不是唯一的，而是多种多样的，具有新颖性、多端性、伸缩性和精细性。

数学中的一题多解、外语中的一句多译都属思维发散性的范畴。如果中学生在学习中注意使自己的思维发散，就会思路灵活、开阔，而不至囿于一孔之见。

有位老师曾以"砖头有何用途"为题测验过一些同学的思维发散性，下面是两位发散性思维能力不同的同学给出的答案：

其一：砖头可以用来盖房子、铺路、建花墙、盖猪舍、砌鸡窝、修煤池、盖车棚、立煤炉。

其二：砖头可做建材，可用做武器、尺子、染料、教具、火炉、重物、雕刻原料、气功打击物、吸水物、装饰品、彩笔、垫托物。作为教具，在数学方面可计算三个面积、一个体积；在物理学习方面可算出密度、比热容和三个面的压强；在美术学习方面可利用它讲光线、透视学；在化学教学中可讲烧砖过程中的化学反应；在语文教学中可讲砖头那种甘当基石、无私奉献的"个性"；在政治经济学中可利用它讲国际贸易中低、高档商品之间的关系。做"火炉"是这样使用的：先将砖头晒干，然后浸入煤油之中，砖头可吸300克左右的煤油，然后装在塑料袋内，供野游时做火炉用。

从以上两种差异颇大的答案中不难发现，后者具有较好的发散性。它能冲破"建材"的框框，想到许多方面。在一个方面，又能进一步发散，能精细地逐一列举用途，充分体现了思维的新颖性、伸缩性、多端性和精细性。

发散性思维训练是培养中学生创造性的一种重要方法。从数学题的多种解法中也可以训练中学生的发散性思维能力。

下面是一道普通数学题，如运用发散性思维来解，看能有多少种解法。

例题：一台拖拉机2小时耕地25亩，这样计算的话，耕125亩地要几小时？

（1）算术法解法

①求每小时耕地：125÷（25÷2）

②求耕每亩地需多少小时，可列式：2÷25×125

③求125亩是25亩的几倍，列式为：125÷25×2

④先求25亩是125亩的几分之几，列式为：2÷（25÷125）

⑤先求每小时耕地多少亩，再求每小时耕地的亩数是125的几分之几，可列式为：1÷（25÷2÷125）

（2）列方程式解法

设耕125亩地需要x小时，则

①每小时耕地亩数相等，可列式：25÷2=125÷x

②根据每耕1亩地所需时间相等，可列式：x÷125=2÷25

③因每小时耕地亩数相等，所以耕地亩数的倍数与耕地时间的倍数相等，可列式：125÷25=x÷2

④因为每小时耕地亩数相等，所以耕地亩数的份数与耕地时间的份数相等，可列式：2÷x=25÷125

⑤根据耕地125亩所需时间除以耕每亩地所需时间等于125亩，可列式：x÷（2÷25）=125

⑥根据耕地125亩所需时间除以125亩是25亩的几倍数，应该等于2小时，可列式：x÷（125÷25）=2

⑦根据每小时耕地完成的份数应该等于每小时耕地的亩数与125亩的份数相等，可列式：1÷x=25÷2÷125

⑧根据每小时耕地的亩数是125亩的几分之几与耕125亩地所需时间的积应等于单位“1”，可列式：（25÷2÷125）×x=1

（3）比例方程解法

①$\frac{25}{2}=\frac{125}{x}$　②$\frac{2}{25}=\frac{x}{125}$

由于传统教育的影响，教学往往更多的是注意培养中学生的“聚合思维”——培养中学生通过逻辑思维找出唯一正确答案的能力，这是传统教育不足的一个方面。作为有志于创造的中学生，在发展聚合思维的同时，更应当主动地培养发散性思维，两种思维共同发展，才有利于创造性思维的升华。只要有了这种意识，中学生在学习和生活中培养发散性思维的机会就会很多。

温馨提示：

一个人的创造能力如何，与发散性思维品质有着十分密切的关系，因此每位中学生都应大力培养思维发散的能力。

◆ 培养反向思维，使头脑跳出常规

人们都比较喜欢按常规来行动，但在解决问题时，尤其是在解决特殊问题时，反常的做法可能更有用。简单地说，反常就是打破常规。

司马光砸缸救人，就是用了一种与众不同的方法。他不像很多人那样只想着把人从水缸里拉出来，而是把缸砸破，让水流掉，这样人就不会被淹死了。司马光在救人过程中运用的就是“反常规”思维。这种思维方式在平时的学习中也可以利用。

以背英语课文为例，一般的学生都是从头往后背。结果前一段背得很熟悉，而后面几段就记得不太熟了，这是因为先学的记得牢。现在同学们可以倒着背，即第一遍先背最后一段，第二遍则从倒数第二段开始。这样，每段课文都有机会做“第一段”，记忆效果就比较好。最后，将课文从头到尾背几次，把顺序和思路整理一下，整篇文章就能够“倒背如流”了。

做数学题时，也可用“反常规”思维。一道题用加法算出来与题意不符，不妨用减法试一试，也许就能得到正确答案。

写作文描写冬天时，很多同学都认为冬天扼杀了万物，使人觉得寒冷，不愉快。但有的同学却写出冬天孕育着生机，寒冷能锻炼意志，让人们感到冬天的可爱和可贵。反常规构思能使中学生们的作文令人耳目一新。

反常规思维在考试中也很有用。一般来说，一类题都有一套常规解法。如果按常规解法无法做出，就说明这道题有特殊之处，这时就应该用反常规思维来寻找“技巧”了。

如果中学生在处理问题时遇到困难，不妨往不同的方向想一想，对打开思路很有益处，也会因此而变得越来越聪明。

中学生都知道曹冲称象的故事。曹冲想知道大象的重量，但他不称象却称石头。这是因为那个时候条件有限，没有合适的称量器具可以称那么重的大象。石头较小且能分开称，就可以由石头的重量推算出大象的重量。曹冲的聪明之处，就是他在解决问题时，用了变换对象的方法——用石头代替大象，从而化难为易。

古时候还有个笑话，说的是有个人竖着一根很长的竹竿要进城去。当他走到城门口时，发现城门太低，他的竹竿很长，无法进去。这时，另一个人给他出了个主意，让他把竹竿锯断，一节一节地扛进去。那人是想变一变进城的方式，但做得很愚蠢。因为将竹竿横着拿就可以进城门了，何必费事将竹竿弄断呢？

变则通，变则灵。孙悟空之所以神通广大，就是因为他有七十二变。如遇到蛇，就变成老鹰；在山上为了迷惑对手，就变成一座山神庙。

温馨提示：

中学生在解决问题时，不但要能变，而且还要善变。除了能变换对象和变换方法，还可以变换解决问题的条件。

◆ 冲破思维定式，打破头脑牢笼

思维定式是指人们按照一种固定的倾向去反映事物的思考问题的方式。它作为一种特殊的心理准备状态，常常会影响解决问题的方向。

在条件不变的情况下，定式可以简化人们的思维程序，从而有利于问题的迅速解决；但在条件变化的情况下，它又可能成为一种僵化的思维模式，引人误入歧途，从而妨碍问题的解决。所以，中学生在学习的过程中，一定要注意克服思维定式的干扰。

敢于创新的人是不会死守教条的，他们的特点就是善于变通。灵活变通是人生战场上立足的必备技能。

马铃薯原本生长在美洲，它的块茎具有很高的营养价值，而且它的产量相当高，既可以当作粮食来吃，又可以当作蔬菜食用。法国农学家巴蒙蒂埃来到美洲发现了这种植物，他对马铃薯做了非常细致的研究，最后肯定其具有很高的种植价值，于是就带了一大袋的马铃薯回到法国，想在法国推广种植这种农作物。

回到法国后，他就在各大报刊上刊登了这种农作物的好处和种植方法。但是法国人民因为早就形成的种植习惯以及对新事物存在的偏见，没人愿意种植这种从来没有见过的植物。有些迷信的农民认为，马铃薯其实是一种魔鬼的苹果；保守的医生则认为，人们一旦吃了这种奇怪的东西，身体就会受到伤害，很有可能会因此而丧命；固执的土壤学家认为，一旦将这种奇怪的植物种入土壤中，那么土壤的肥力就会被这种植物吸收而最终枯竭。无论这位农学家如何奔走，如何热情地呼吁，就是没有人愿意种植，于是马铃薯在法国依然得不到推广。

后来，这位农学家想出了一个办法，他故意请求国王派出一队卫兵帮助自己看守马铃薯种植园，不允许任何人采摘它的一片叶子。消息传出后，人们都很好奇，附近的农民白天躲在不远的地方偷偷观看巴蒙蒂埃怎样耕种，怎样锄草，怎样施肥。等到了晚上，卫兵们离开休息时，附近的农民就偷偷溜进种植园将马铃薯挖出来，带回家偷偷种植。

后来更多的人了解到这种植物，就向巴蒙蒂埃讨要马铃薯的种子，然后带回去自己种植。就这样，一传十，十传百，没几年工夫，这种大众作物就传遍了整个法国。

上例中的农学家就是利用迂回的方式，让卫兵看守马铃薯种植园，从而引起人们的好奇，争相栽种。这是因为人们相信，只有最好的东西才会用士兵去看守，这种能口口相传的口碑效应远比现在的电视广告有实效，因而马铃薯在很短的时间内就在法国推广开来。

可见，领导者根据具体情况适时地灵活变通工作方法也会取得显著的效果。

有关研究人员曾以“思维的威力与高考”这个问题对升入高校的中学生做过一次书面调查。有一位学生在回寄材料中写过这样一段话：

我在高三复习阶段的各类测试中，对理科总是心存畏惧，尤其是每次测试的倒数第二题。其实，现在想来也是有因可循的，因为老师总是说这道题是个“坎儿”，是压轴的，对于一般学生来说，它有难度。我是一般学生，我想老师的话一定有他的道理，而且做过几次，发现也确实如此。渐渐地，我对这道题变得不敢问津起来。这次高考中，倒数第二题又是理科综合类的，我瞥了一眼根本没再去看它。可是，一走出考场我就后悔了，因为好多同学都说那道题一点也不难。思维的枷锁将我套得如此悲惨，这是我的命吧！

这个问题的实质是，学习过程中自我贬抑型思维阻碍了创新活动的顺利进行，并在恶性的自我暗示中形成了令人裹足不前的枷锁。凡戴上了这副枷锁的中学生，总是认为自己能力低，办不到，而从来不去实际尝试一下。

温馨提示：

作为21世纪的中学生，应大胆打破一切条条框框的限制，突破定式思维的障碍，灵活地运用多种思维形式去解决学习中遇到的问题。

◆ 第六章 ◆

广泛获取知识的阅读能力

阅读能力是对文字或信息感观认识的一种行为能力，也是大脑对知识信息施以读取、加工、整理，进行思考、推理、分析、评价和解决问题的能力。

阅读能力是学习取得成功最重要的能力之一。古人云：“读书破万卷，下笔如有神。”现代教育专家指出，阅读是打开智慧的心灵之门，是通向世界的知识之门。

阅读能力的强弱直接影响着中学生学习知识获取量的多少。掌握一定的阅读技巧和方法，妥善安排阅读时间，对于中学生提高阅读能力一定会有很大的帮助。

一、阅读是大量获取知识的有效途径

科学研究表明，每个人所掌握的信息有90%来源于阅读。

中学生的阅读是整个教育活动中十分重要的一个组成部分。阅读不仅能扩大中学生的知识面，而且能使中学生所学知识得以巩固、深化。通过阅读，中学生不仅能开阔视野，陶冶情操，全面提高文化素质，还能从中寻求知识和精神的补充。

◆ 阅读帮助你打开人生美丽的后窗

好书是一封走向各种社会、体验各种生活、结识各种人物的邀请信，一张迈进科学宫殿和未知世界的入场券，一股改造自己、丰富自己的强大力量。

读好书是一种乐趣，一种情操，一种向全世界古往今来的伟人和名人求教的方法，一种和他人展开讨论的方式。

著名历史学家麦考莱曾给一个小女孩写信说："如果有人要我当最伟大的国王，一辈子住在宫殿里，有花园、佳肴、美酒、大马车、华丽的衣服和成百的仆人，条件是不允许我读书，那么我宁愿做一个穷人，住在藏书很多的阁楼里，也不愿当一个不能读书的国王。"

阅读是每个人日常生活的一部分，每个人都离不开它，它不仅可以使人获得知识，娱乐人的身心，而且还可以活化人的智慧。

发生在一个个具体的你、我、他的身上，哪怕是一字一词的阅读，都必须自己来完成。因而，阅读的价值也首先体现在对个体的作用上。

（1）阅读使人获得知识

我们的人生是如此丰富，每个人所需要的知识是那么广博，没有哪位全能的导师可以完全指点，只有请教记尽古今事的书籍。在那里，有人学到健康知识，有人云游世界，有人获得相夫教子的诀窍，有人领略到修身齐家的道理，更多的人则吸收了新的知识与技能。大到确定人生观，掌握专业知识，小到如何理解一个字的含义；远到仓颉造字的故事，近到昨天的体育赛事……无一不在书本的覆盖之内，无一不能从阅读中知晓。我们应该因此而由衷地感谢阅读，感谢书本。

俄国作家车尔尼雪夫斯基说："学术论著使人摆脱愚昧无知，而文艺著作使人摆脱粗野和庸俗。"的确，书这种东西，只要是内容健康的，无论高雅还是通俗，无论是潜心研读还是顺手翻翻，都会给人以知识的力量。

每个人时时都需要知识，时时都需要阅读。背书包的年代，除了课本以外，你也读《黑猫警长》，读《数理化自学丛书》，读《约翰·克利斯朵夫》……因为你的课程学习需要有课外阅读的辅助，因为你面对的世界是那么浩瀚，你所需要的知识远不止语文、数学和其他课本上所讲的。一般而言，在学生阶段，你仅仅学到了一点最基本的知识，或者说，它仅仅为你的进一步学习打下了基础。离开学校，你才知道要学的知识到底有多少。更何况，过不了几年，你在学校学到的那点知识也可能变成老朽，需要更新了。所以，中学或者大学毕业后的路怎么走，书本会及时指导你。

（2）阅读可以活化人的智能

当你用14秒钟跑完100米的时候，你应该意识到，你还有更大的速度潜力，而开启这种潜能的只能是多练、多跑。其实，人的能量往往比自己所想象的要大得多。人有多方面的潜能，最大的潜能就是智能，激发这一潜能的最有效途径便是阅读，而阅读的过程，本质上就是一个思维的过程。当你聚精会神于阅读的时候，你在思索、想象、判断和推理。美国阅读专家M·A·汀克认为："在绝大多数情况下，阅读时用于眼睛移动的时间仅占总时间的5%，其余95%的时间则用于思维。”阅读的效果也直接取决于思考的情形。一方面，阅读中的思考使人的逻辑思维、抽象思维与形象思维不断地得到全面的锻炼，使你能正确地理解和使用概念，正确地进行判断和思维，并且善于联想和想象，养成良好的思维习惯，达到思维活化的目的；另一方面，阅读能使思维深化，唤起对各种现象进行探索和分析的意念，从而实现借助他人的思想，开发自己思想的效果。

阅读成为一种思维催化剂，读到此，想到彼，纵横拓新，继往开来，创造性地解决问题。借助阅读这枚金钥匙，你可以开启一扇扇智慧之门、创造之门、成功之门！

（3）阅读可以开阔人的眼界

唐朝诗人王之涣在《登鹳雀楼》中写道：“白日依山尽，黄河入海流。欲穷千里目，更上一层楼。”这首诗讲出了一个朴素的哲理：要想看得更远，就必须站在更高的地方；要想使自己的视野更开阔，就必须不断地学习知识，提高自己。

一位学者曾经说过：“历史使人明智，诗歌使人灵秀，数学使人周密，科学使人深刻，伦理学使人庄重，逻辑修辞学使人善辩；凡有所学，皆成性格。”这句话说明，喜爱读书、知识广博的人，可以使自己变得明智、灵秀、周密、庄重、善辩，从而使自己的人生不犯错误或少犯错误，永远立于不败之地。

“眼界在阅读中开阔，开阔为知行服务。”通过广泛的阅读，把知识应用到实践当中，以实践来检验知识的正确性，那么眼界就会随着认识的加深而不断开阔。

温馨提示：

书籍是全人类有史以来共同创造的财富，是永不枯竭的智慧的源泉。中学生如果希望自己博才多学，那么就从读书开始吧。读书能使你开阔眼界，瞭望宇宙。

◆ 课外阅读能给中学生一个光辉灿烂的世界

近年来，片面追求升学率之风愈来愈烈，中学生的课业负担也变得愈来愈重。除需要掌握课内所学知识外，中学生的课外辅导名目繁多。许多家长认为：学生只要完成好学业，外加学一门专长，就有把握进入重点学校，考大学也就有指望了……由此，许多中学生被迫变为课本和分数的“奴隶”，从而引发劳动意识淡漠，体育活动无人参加等问题，至于课外阅读，更成为“被遗忘的角落”，真是莫大遗憾！

对课外阅读的作用认识不足，是许多家长认识上的偏差。学生以学业为主、为先是正确的，但忽视课外阅读就顾此失彼了。中学生的课外阅读，是学校整个教育活动中十分重要的一个组成部分。因为课外阅读不仅能扩大中学生的知识面，而且能使学生巩固、深化课内所学知识，触类旁通，相辅相成；不仅能开阔学生的视野，陶冶情操，全面提高文化素质，而且还能从教科书外寻求知识和精神的补充。更重要的是，阅读能给中学生一个光辉灿烂的世界。因此，有见识的教师、家长无不十分重视学生的课外阅读，同时教育学生分清和懂得课业与课外阅读的主次关系和辩证关系。

富兰克林有句尽人皆知的名言——“书籍是人类进步的阶梯”。

杜兵是一名初一学生，他对学校的学习一点儿都不感兴趣，整天沉湎于武侠小说之中。母亲很担心，不敢在家里放这类小说，也不准孩子看武侠小说。结果可想而知，杜兵只有借同学的书来看，上课时还沉浸在猛虎拳、鸳鸯腿中，被老师当场逮住，没收图书，家长对杜兵一顿打骂。就这样，一学期结束了，杜兵的学习成绩比以前落后了许多。后来没有办法，父亲索性买了全套金庸小说，但和杜兵约法三章，只准在课余时间看，课上绝对不允许偷看，一定要认真听课。看完金庸的，再看梁羽生的，再看古龙的，结果出乎意料，杜兵开始对语文课感兴趣了，写起作文来夹叙夹议，竟也能有血有肉地表达出人物的内心世界。杜兵进而对于连、安娜·卡列尼娜也开始感兴趣了。又一学期结束了，杜兵不仅语文成绩有了很大的进步，就连其他学科的成绩也有所提高。用他自己的话来说就是：“我语文好了，大家都当我是好学生，其他地方再开‘红灯’不是难为情吗?”

杜兵父亲的做法很值得思考。科学研究表明，每个人所掌握的信息有90%来源于阅读，阅读的重要性是不用多说的。

中学生展开课内外阅读不但可以丰富扩展对外部世界的认识，能够在书中再认出他所熟悉的事物，也能够看到现实生活中很少看到的东西，并且还能提高对语言的理解力和观察、思维能力，有助于思维的发展。

温馨提示：

中学生应安排好时间进行大量的阅读。中学生应该读自己想读而又健康有益的书，自由地发展阅读的天性。

◆ 阅读造就天才：名人少时好读书

青少年时期是人求知欲最为旺盛的时期，在这个时期培养浓厚的阅读兴趣，养成读书的好习惯，将会使中学生终生受益。

阅读，是对文字或信息的感观认识的一种行为方式。阅读不能仅仅停留在表面上的看，在看的同时，大脑要对知识信息施以读取、加工、整理，进行感知、思考、推理、分析、发现、想象、评价等一系列复杂的心理过程。许多世界知名作家和学者童年时就爱好阅读。

俄国作家普希金读过狄德罗和卢梭的法文原版著作，以及古希腊诗人荷马和普卢塔克的许多法文译本，如《奥德赛》、《伊利亚特》等。

俄国作家果戈理童年时爱读宗教道德内容的作品，特别是描写圣徒生活的著作。俄国剧作家奥斯特洛夫斯基像普希金一样喜欢普卢塔克的作品，奥斯特洛夫斯基全家也都爱读普希金的书。

英国作家、数学家和逻辑学家卡罗尔少年时期读得最多的是狄更斯的作品和神学著作，他从幼年起就写小剧本和家庭杂记。

沙皇尼古拉二世幼年就读了大量的书籍，而真正认真读书则是在进入成年之后。他退位后被关在皇村时，为附近的孩子们读了不少书。皇村的孩子俄文差，所以他常常用英语和法语为他们读书，如大仲马的《基度山伯爵》等轻松的作品。

英国学者和作家托尔金受母亲的影响，幼年只读宗教书籍。少年时期他开始用学会的十来种语言读欧洲国家的叙事诗。

俄罗斯女诗人阿赫马托娃假期只被允许读涅克拉索夫的厚厚的一本选集。她13岁时已能看法文书，爱读波德莱尔和魏尔兰的诗。

综上所述，人们眼里的著名作家，其实都是经过后天的努力读书而成名的。

我们可能每天都在阅读，但是我们每个人都会阅读、善于阅读吗？同样是阅读，善于阅读和不善于阅读，效果可是大不一样。会阅读的人，可以从书中吸取很多知识；不会阅读的人，即使读过很多书，却没有收获或收获不大。为什么会有这么大的差别呢？这就是一个阅读的方法问题。

俄国作家果戈理的笔下有一个叫彼什加秋的人，他嗜书如命，什么书都读，不管是小说，还是化学，也不管读得懂读不懂，只要是书，他都拼命地乱读一气。结果辛苦读了一辈子的书，他脑袋里塞满了乱七八糟的东西，混沌得一塌糊涂，到最后什么东西都没学到。相反，大文豪高尔基只上过短短的几年小学，在生活及其艰苦的环境中发愤读书，自学成才，写出了许多不朽的文学作品，成为一代文学大师。

由此可见，会不会阅读，是否掌握阅读的方法和技巧，结果有多么不一样。中学生应向名人学习，不但嗜好读书，而且要掌握科学的阅读方法，这样才能获取更多有益的知识。

温馨提示：

书籍是知识的源泉，是人类智慧的结晶。中学生只有养成热爱读书的习惯，取先人的经验为己所用，才能更好地成就自己的成功人生。

二、培养阅读能力的良方

阅读是我们最重要的心理需要，是自我发现、自我发展的重要途径。多数人不会真正从内心深处拒绝读书。阅读不仅能培养语感，丰富语言材料，熟悉语言结构，同时还能被阅读内容所熏陶，所感染，从而提高认识水平，培养高尚情操。

中学生不仅要喜欢阅读，还要掌握阅读的方法和技巧，努力培养并提高阅读能力。

◆ 有的放矢，阅读要有明确目的

阅读可以消遣，可以增长才干，可以励志，但是阅读最忌没有目的、没有计划地乱翻乱看。

曾经有一个特别喜欢读书的美国少年，在火车上以卖报为生。每天卖完报纸，火车一到站，他就钻进附近的图书馆看书，从第一个书架开始，一本接一本地阅读。他有一个远大的目标，就是要把这个图书馆里的书全部看完。有一天，一个常到图书馆看书的绅士告诉他，那样读书浪费的是时间和精力，经济有效的读书方法应该是：确定好目标，然后有选择地读书。从此，这名少年才懂得按自己选定的目标去阅读，并通过读书自学，最终有所成就，成为历史上著名的发明家，这名少年就是爱迪生。

现代知识经济时代是信息爆炸的时代，无论是知识的增长、更新、淘汰都在以前所未有的速度进行着。在现代社会，书籍、报刊、资料的数量按指数增长，因此阅读也面临着新的挑战，我们再也不能像以前那样阅读学习了。

以科学杂志和学术文章为例，现在的发行量是50年前的一倍，比150年前更是增加了1000倍！然而，我们今天的很多人的阅读速度，却还是100年前的水平，每分钟只有一二百个字，这显然是不能满足现实生活中知识、信息的高速发展变化的。“到什么山，唱什么歌”，我们要使自己在信息的海洋里不被知识淹没，就要变化，对中学生来说更是如此。

博览群书本身并不是过错。如果一个人能在闲时多看各种书籍，接触各种事物，这是一件好事。

爱因斯坦是一位伟大的物理学家，但是他非常喜欢看小说，有着很高的文艺和哲学修养，谁能说相对论里面没有哲学因素呢？另一位诺贝尔获奖者、物理学家格拉索也很喜爱文学和历史书籍，他道出了其中的奥秘：“涉猎各个方面的知识，可以提高开阔的思路。如看看小说、逛逛公园也有好处，可以帮助提高想象力，它和理解力、记忆力同样重要。”

但是，人的读书生涯是有限的，而知识却是无限的。在浩瀚的知识海洋中，漫无目的地学习，就好比大海捞针，耗尽终生，却徒劳无功。

为了获得有益于自己的知识，中学生在阅读的时候应该把知识划在一定的范围或领域内，这样化无限为有限，就能很好地实现增长知识的目的。同时，要有针对性、有计划性地选择阅读，把广博和精深很好地统一起来，做到广而不散，深而不窄。

中学生面对的知海书林，哪些宜背诵，哪些宜精读，哪些宜粗读，哪些又不宜读呢？如果是教科书及其参考书，中学生应该以老师指导为主，或向有经验者咨询意见；如果是课外读物，则可以以行家推荐的名著名篇为主。

有的中学生很喜欢看书，一见书也不管好歹，拿起书便啃，结果读书无数，学到的知识却不多。有些书对中学生还有负面影响，有毒害作用，如果不加选择地去读，很可能误入歧途。俄国作家别林斯基曾经说过："阅读一本不适合自己的书，比不阅读还要坏。我们必须学会这样一种本领，选择最有价值、最适合自己需要的读物。"

温馨提示：

阅读要有目标、有计划，就要制订正确的阅读计划，这是获得良好阅读效果的保证。但是阅读计划、阅读范围的选择和确定并不是一件容易的事。

◆ 选择课外读物，切忌盲目

无选择地读书，是时间和精力上的浪费，是学习上的大敌。人类数千年的文明历史，积累了如高山大海一般浩博的书籍。任何人都不可能将它们一一读遍。那么，中学生该如何登书山、入书海去寻珍探宝，有选择地阅读呢?

（1）选择最有价值的书阅读

书籍卷帙浩繁，在内容质量上也是各不相同，其中有精品，也有劣作。有反映最新研究成果的，也有几百年前的“新技术”。因此，中学生对所读的书要进行审慎挑选，分清良莠，选择最有价值的、积极向上的书阅读。

（2）由浅入深、循序渐进地读

在书籍的宝库中，优秀的作品是十分丰富的，但里面也还有一个选择的问题，不能拿到一本就读一本。关于这个问题，这里有一个好主张，即循序渐进。中国当代数学家华罗庚教授也说过：读书“好比爬梯子，要一步一步地来，您要想快些，一脚跨四五步，非掉下来不可”。

中学生的学习能力、阅读能力达到什么水平，应选择与之相适应的书籍。如果选择阅读的内容过深，或者过浅，进入大脑的信息与已有的知识结构就不相适应，当然也就不能引起大脑的积极反应。因此，中学生应由浅入深、由易到难，按照循序渐进的规律进行阅读。

（3）结合课堂学习，有计划地阅读

要使读书的内容与大脑已有的知识结构相适应，中学生应结合课堂学习选择书籍，从而有计划地阅读，这是一个有效的方法，对知识网络拓宽和加深非常有帮助。

（4）确定方向，有系统地阅读

一位教育家指出：一个学生到了中学阶段，就应当有一个特别喜爱的学科，有一样入迷的课外活动。也就是说，中学生应当有正确的爱好和志向。这样就可以根据自己的爱好，确定方向，有系统地阅读。

（5）选择图书爱好，确定读的重点

中学生有一定的爱好，就可以根据这一爱好认准目标，从而确定读书范围，进行重点阅读。

读书应当有重点，但也不能只盯在一处。处在人类知识以几何级数增长的时期，各种知识互相渗透，纵横交错，围绕重点阅读的同时，我们还应扩展阅读范围。确定方向，有重点地读书，可以树立起知识的骨架；由此及彼，扩展开去读书，可以添上知识的血肉。这两者结合起来，就可以构成一个完整的立体化的知识网络。

温馨提示：

中学生选择课外读物要结合课堂学习的知识进度，在确定阅读方向后要有重点地阅读，不可只盯一处。

◆ 妥善地安排好自己的阅读时间

每个人都有自己的作息特点和习惯，适宜阅读的时间也不尽相同。我们应该在一天当中大脑活动功能最好、阅读时间最佳的时候进行阅读。

在西方国家，现在流行一种有效的管理机制——“TPO 管理法”，即 Time（时间）；Place（场所）；Occasion（时机），意指在管理过程中要善于安排时间，创造良好的工作环境，把握适当的时机。这种方法同样适用于中学生的阅读，在阅读过程中如何合理安排自己的时间，对提高阅读能力影响重大。

（1）依据自己的生物钟，把握适宜阅读的时间

研究表明，通常一般人一天当中大脑功能最好的时候是刚刚睡醒以后三四个小时左右。早上，人刚睡醒，经过一个夜晚的有效休息，就像一台加满了油的机器，是学习、工作的好时机。另外，下午的 2、3 点，晚上 8、9 点也是学习的重要时间段。人经过一天的

紧张工作，稍作休息，人的大脑就恢复活力，同时晚上寂静的环境也有利于保持头脑的清醒。

（2）阅读时间的安排要具体

“一寸光阴，一寸金”，如何在有限的时间里，科学合理地安排阅读时间，是“克敌制胜”的关键所在。我们无论做什么事，事先都要有所计划。同样的，阅读也需要我们制订一个时间安排表，根据阅读内容的深浅程度以及内容之间的相互关系安排阅读先后顺序。正确的做法是先取基础，后攻深奥，这就如同上石阶，只有一层一层地往上走，把问题一层层地剥下去，才能扎实地掌握知识。如果我们先阅读难懂抽象的东西，就很难阅读下去，浪费我们不少时间。同时，一次阅读的时间不宜过长，如果时间太长，人容易出现疲倦，不利于对阅读材料的理解，对自己的身体也是不利的。

（3）善于利用零碎时间

日常生活中，或多或少，每个人总有一些零碎的时间块，白白浪费这些时间是非常可惜的。因为这些时间如果串起来，以少积多，可是不小的一个时间块。于是，善于利用时间的人就懂得把这些时间串起来，为己所用。前苏联昆虫学家柳比歇夫就是这样一个爱“串葫芦”的人。

柳比歇夫把零碎的时间称为“时间的边角料”，像排队、乘车、坐船等零碎时间，他都把它们利用起来，用于读书。有一次，他到一个边远的城市工作，临走之前，就把自己要读的书邮寄到那里，大有“兵马未动，粮草先行”之势。就是这样日积月累地利用时间，几十年如一日，柳比歇夫不仅对自己的专业知识掌握得牢固扎实，而且他对其他专业的知识也很熟悉，尽可能地使自己的专业得到补充和解释，最终才成为著名的昆虫学家。

另一个典型例子就是鲁迅。他主张利用零碎时间去“随手翻翻”，他自己就是利用平时一些微不足道的时间“随便翻翻”而阅读了大量的书籍，积累了丰富的知识。就目前保存的鲁迅的藏书就有3800多种，1.2万册，另有5000多张碑拓片，这些书画鲁迅基本上都“翻”过。

（4）杜绝出现浪费时间的现象

在生活中，学生浪费时间的现象很普遍、很严重。他们正处在世界观和人生观的形成阶段，自我约束能力差，认为读书太累，因而浪费了很多宝贵的时间，就像歌里唱的：“总是要等到放学以后，才知道功课才做了一点点；总是要等到考试前，才知道该念的书都还没有念……”

学生浪费时间的具体表现有：聊天，没有节制地玩，看电视，做白日梦等；即使阅读的时候也是端着书本，注意力却不集中，没有目的地瞎看，东张西望，心神不定，或者在笔记本上乱涂乱画等。这些都是我们宝贵时间的“杀手”，它们白白抢走我们的时间，因此，中学生要学会有效合理地利用时间。

温馨提示：

在生活中，中学生大可以利用饭后茶余等时间，随意翻翻书刊报纸。这样既可以作为一种休闲，又可以增长见识，开阔视野，丰富精神生活，何乐而不为呢？

◆ 略读和精读结合，阅读效率高

在阅读过程中，只有将略读与精读的方法交叉使用，才能有效地理解并掌握书中的信息和知识，才能够加深对其精华部分的认识。

今天，现代社会对我们的阅读提出了更高的要求，快节奏的生活，要求我们在尽可能短的时间内获取尽可能多的有益信息。这一切都有力地说明，要做一个现代的阅读人，必须及时地解决理解的深刻与速度的提高这对矛盾，而在这对矛盾中，孕育着丰富的阅读的快与慢的辩证法。

阅读是阅读者的生理性外部视线同心理性内部视线相互交融的过程，阅读是“通过‘看’而理解意义”，随着阅读者眼睛视线的移动，其心理视线也在移动。外部视线的移动，决定了阅读的速度，影响着理解的效果；内部视线的移动，决定了理解的效果，影响着阅读的速度。它们的主要职能不同，但只有相互联系才能发挥最佳作用。因而，在阅读过程中，要想既达到深刻的理解，又拥有较高的速度，中学生一定要花大气力去发展自己的内外合一的快读水平。

必须看到，不同的阅读者阅读难易程度不等的读物，他们阅读的速度肯定快慢不等，既不能因自己一时能快速阅读而沾沾自喜，也不能由于自己一时读得很慢而过分焦虑。

阅读的速度是建立在对读物深刻理解的前提上的。读物的性质和难度是不一样的，这就决定了阅读者阅读速度的快慢也是不同的，而且在阅读过程中也并非越快越好。

在阅读速度问题上，还有一个相关的话题便是精读与略读的辩证关系问题。我们知道，任何一本书，就其内容而言，其各部分总不会同样重要，对读者来说，也不会一样有用。据统计，一般科技书籍，其精华部分只占全书的25%。因而无论从客观上还是主观上，阅读者都有必要处理好精读与略读的关系。

清代著名画家、“扬州八怪”之一的郑板桥说过：“善读书者，日攻日扫。攻则直透重围，扫则了无一物。”其中的“攻”指的就是深入钻研，即精读；“扫”指的就是广泛博览，即略读。我们同样可对之加以借鉴。通常略读的对象是书中较次要的章节，由于它们同书的主要内容关系不大，阅读者要采用快速阅读的方法，不仅可以几段几段地粗读，而且可以几页几页地翻阅。这种“走马观花”式的阅读，主要是为了获得面上的了解，其特点是花费时间少，获得的信息量大。比如诸葛亮与徐庶、石广元、孟公威等人游学读书，

“三人务于精熟，而亮独观其大略”。这里的“观其大略”，即是指略读的方法。诸葛亮之所以精通政治、军事，上知天文，下知地理，同他的这种“观其大略”的阅读方法是分不开的。前人的阅读实践表明，合理地采用略读的方法，对于阅读者扩大眼界，丰富知识，都是很有好处的。

当然，略读并不是为了完成多少多少页的任务，阅读要博而不浅，精而不杂。因此，中学生在采取必要的略读方法时，还应采取“攻”的方法。培根说过：“有些书可供一尝，有些书可以吞下，有不多的几部书当咀嚼消化。”具体到一本书而言，也存在着“一尝”或“吞下”的部分，存在着“咀嚼消化”的部分。对于那些“一尝”或“吞下”的部分，中学生不妨“一目十行”进行略读；对于那些“咀嚼消化”的部分，中学生就应当“十目一行”进行精读。

总之，在具体的阅读过程中，略读与精读是对立统一，密不可分的。大作家茅盾曾强调“重要书至少要读三遍”，第一遍先粗读，领略其大意；第二遍对其精读，仔细体会其要旨、技巧；第三遍重读其中精彩部分，以便牢记其精华。这种读书的方法，极为巧妙地将略读与精读结合起来，既加快了阅读的速度，又加深了理解的程度。

温馨提示：

懂得阅读快与慢的辩证法的中学生，总是能够根据自身的特点和读物的难易程度审时度势地安排阅读进度。

◆ 边阅读边勾画，不动笔墨不读书

不动笔墨不读书，这是很多名人名家所推崇的一种读书方法，采用这种方法，可以大大增强阅读效果。

在书本上做记号能加强记忆，对背诵很有好处，是最常用的一种阅读方法。这种方法意在把书本中重要的内容与非重要的内容区分开来，能够使人清晰地感知、记忆重要内容。因此，这种方法的使用，能提高中学生的阅读能力。

（1）中学生做记号的两种倾向

中学生做记号，主要表现出以下两种倾向。

①不分青红皂白地把很多内容都画出。这样做，就没有达到在书上做记号应达到的目的。若将重要的和非重要的内容都画出来，下次复习巩固的时候，还要从所有这些画出的内容中再一次作出区分，可能又会花费很多时间，而且由于知觉的对象和背景没有明显区分，学习时有可能将对象淡化，从而降低学习的效率。有研究表明，画出不重要的内容会降低对重要内容的记忆。

②用一种符号来画出书上所有重要的内容。单一的线条标志不同性质的内容，这种方法不足以把不同性质的内容区分开来，以后在学习这些内容时，还要对这些内容作进一步的分析，不能一目了然地知道划出的内容表示什么。

因此，中学生在书本上做记号的时候，不应满足于用一种方法来画线或做记号，而应该根据自己的偏爱，尝试用各种不同的符号分别表示不同性质的内容，例如圆圈、圆点、下划线、波浪线、双画线、三角、方框、五角星、问号、箭头、序号等，并形成一套系统。

中学生阅读时除了圈圈点点之外，写阅读笔记也非常重要。阅读时做笔记，能手脑并用，使思想集中，循序渐进，深入思考。

清初大思想家顾炎武的《日知录》是一部很有价值的笔记著作，他在该书的“自序”中写道：“愚自少读书，有所得辄记之。有所不合，时复改定，或古人先我而存者，则逐削之，积三十余年，乃成一编，取子夏之言，名曰《日知录》。”

做阅读笔记，十分有利于积累有用的资料，有利于提高文字表达能力，有利于训练思维的逻辑性和条理性，有利于提高分析问题和解决问题的能力。养成这种好的读书习惯，还有利于出成果。

（2）阅读笔记的类别

阅读笔记的种类很多，在中学阶段，中学生可以学习使用如下五种类型的阅读笔记。

①眉批、旁注式笔记。阅读时，在你认为重要的地方，以眉批的形式发表评论，以旁注的形式解释字句、内容、心得等。这种方法，直接在书上做记号和批注，简便易行，便于复习，可经常使用。但要注意，只有在认真阅读和领会全书的精神实质后，才能做到眉批中肯，批注得当。

②抄录式笔记。抄录课外书籍、报刊中与自己的学习关系密切的材料。摘录原文，既可写在笔记本上，也可摘在资料卡片上。资料卡片上要写明作者、书名、篇名、页码、出版单位、第几版、出版时间等，以备查用。

③摘要式笔记。抽出原文的要点，压缩篇幅，组织成文。这种笔记，可以说是原文的缩写。它要求忠于原文，吃透精神实质，取舍详略恰当，且不能随意发挥，更不能有意曲解。此外，还要注意原文的结构和逻辑关系。

④提纲式笔记。用自己的话把全书或其中一部分的段落大意简明扼要地写下来。提纲的详略根据需要而定，如果原文标有提纲，就可以按原文的提纲记，有些句子可照抄。

在写提纲时，最好分行排列，每条提纲前要标有序码。序码应保持前后一致。如果小段是大段中的一部分，则这个小提纲应置于大提纲之下，采用另一种序码，以此类推，以保证层次清楚，一目了然。

⑤心得式笔记。这种笔记也可以叫读后感。写心得式笔记没有一定的格式。但要联系自己的思想实际、工作实际，应实事求是，不可空谈。

不管用哪种方法记笔记，中学生都要注意以下两点：

• 一定要读完一节或一段以后，在吃透了作者的意思后，再来做笔记。

• 要尽量用自己的话，不要一味地抄书或在书上乱画。但要注意，在用自己的话概括时，务必要与原作者的意思相一致。

温馨提示：

中学生在阅读时一定要养成不动笔墨不读书的习惯，写阅读笔记能手脑并用、深入思考，能擦出思想的火花。

◆ 阅读时要勤于思考

爱因斯坦说：在所阅读的书本中找出可以把自己引向深处的东西，把其他一切统统抛掉，就是抛掉使头脑负担过重和会把自己诱离要求的一切。就是说，阅读时要抓住书中的精髓，实现由浅入深地转化。

英国诗人柯勒律治曾把读者分为四类：第一类好比计时的沙漏漏沙，注进去，漏出来，到头来一点痕迹也没有留下；第二类好像海绵，什么都吸收，挤一挤，流出来的东西原封不动，甚至还脏了些；第三类像滤豆浆的布袋，豆浆都流了，留下的只是豆渣；第四类像开掘宝石的苦工，把矿渣甩一边，只要纯净的宝石。

这段话的意思是说，阅读时，要取其精华，去其糟粕。

华罗庚说："高中程度的同志可以回想一下过去学过的小学算

术、初中代数在脑子里还有那么多吗？没有那么多了。因为我们理解了，会运用了，这就是说书变薄了。”

这段话的意思是说，阅读时要实现由多而杂到少而精的转化。

综上所述，中学生在阅读时，要竭尽全力，力求做到“留下宝石”、“引向深处”和“把书读薄”，为此，就要在读书时做到勤于思考。

中学生要做到读书时勤于思考，应从以下四个方面着手。

（1）力求理解

阅读时应当边读边想，力求理解，弄懂书中所说的中心思想和基本原理。阅读时，应当每看一段就想一想，把道理弄懂。读完全文之后，再串起来看一看，想一想，找到各段之间的联系，以便从整体上理解一篇文章，一节课文或一章内容。

（2）理清思路

著名教育家叶圣陶说过：文章思有路，遵路识斯真。意思是说，每篇文章都体现着作者的思路，遵循这一思路阅读，才能理解文章的实质。可见，理清思路对阅读是极为重要的。

在阅读自然科学著作时，对书上提出的原理、规律、定律、公式，不仅要理解结论，更要理清文章的思路，看看这些结论是怎么推导出来的。李政道博士说：“当读完一段之后，就应当把书合上，自己把思路理一下，如果理不出来，再去看书，想想自己为什么走不出来，别人为什么走通了。”

中学生在阅读时，如果只记现成结论，而不考虑这些结论是怎么得出来的，那么思维能力就很难在阅读中得到提高。

（3）要能提出问题

阅读中发现的问题一般有两类：一类是根据自己所具备的知识，认为书中的一些见解不正确、不完整，提出异议或补充；一类是因为自己具备的知识还不够，因而有不懂的问题。中学生随着知识水平和能力的提高，阅读时发现第一类问题会逐渐增多，而第二类问题会慢慢减少。

一旦发现问题，再深入阅读有关书籍，并且深入思考，收获会更大，还有可能发现新的知识，获得新的见解。

(4) 要独立回忆，学会准确表达

钱伟长说过：读一本书，只要清楚它的梗概，了解它的主要精神和主要问题，先把最重要的东西学到手，然后回顾一下，看自己解决了一些什么问题，还有哪些没有解决。对一时无法解决的问题，最好用小本子记录下来，以便以后解决。所以，中学生在阅读后，要通过回忆再检查一下阅读的效果。对已经理解的内容要善于用简练的语言表达出来，写在读书笔记上，以备日后查用。

温馨提示：

疑问是思考的必然结果。多思则多疑，不思则不疑。中学生必须带着疑问去阅读，这样才能边读边思考，才能获得更多的知识。

◆ 纠正不喜欢阅读的不良习惯

阅读是优秀中学生的共同爱好。

作家赵丽宏在其散文《永远不要做野蛮人》中不无忧虑地写道："我曾经担心，现在的孩子课外阅读的范围越来越窄，能用于课外阅读的时间也越来越少，很多人已经丧失了阅读文学名著的兴趣和欲望，而与课程和考试无关的书，他们更是难有机会涉猎。这是一个令人担忧，也多少使人感到悲哀的现象。"事实上，伴随着电子产品（尤其是网络）长大的中学生，他们不但阅读时间和阅读范围日益减少，而且他们的阅读兴趣也随着"读图时代"的来临而减弱，许多中学生甚至养成了排斥文字的坏习惯。他们的课余时间被影（音）像、电子游戏和卡通占据着，文字在他们的阅读中只是一种点缀。

许多教育专家呼吁："中学生对文字的冷漠态度就像一种隐形液体，正慢慢渗透到社会之中。当逃避阅读成为习惯，中学生的阅读能力便迅速退化，从而直接影响他们的成长。"

《中国青年报》曾刊登的一篇题目为《网络与影视横行的年代，你冷淡了文字吗?》的文章提到："只要留心，人们就会发现，如今两三岁的孩子简直都是'古怪精灵'，一张小嘴表达能力特强。教育学家认为，这是电视大量信息对儿童刺激的结果，电视使他们的语言能力得到开发。但奇怪的是，这些孩子长到十几岁时却大多归于平庸，读写能力尤差，例如前段时间传出的某次全国性考试，有学生面对考题无话可写，竟引用《大话西游》里的台词！教育学家认为，清晰表达思想的能力，必须通过大量的阅读才能获得，而电视无法培养人们的这种能力。在与电视'依存'的日子里，人们养成了一种远离书籍的坏习惯，就像与一位朋友在一起待久了，他的坏毛病会传染你一样。"

那么，中学生怎样才能纠正不喜欢阅读文字的坏习惯呢?

（1）关掉电视，去阅读伟大的著作，它会开启你的智慧之门

这是美国作家理查德的真诚劝告。种种迹象表明，电视是让中学生冷落文字的罪魁。据一些美国学者的调查显示，如今一个20岁左右的人，至少已经花了两万小时看电视。可见，电视已经疯狂掠夺了中学生宝贵的阅读时间。电视总是扮演着这样一种角色：企图主宰人们的思想，人们有意无意就被它牵着鼻子走。它虽然给了人们感官上的愉悦，却无情地消耗了人们宝贵的时间。

（2）养成阅读文字的好习惯

英国文学史上颇具传奇色彩的勃朗特三姐妹，她们之所以能写出蜚声世界的经典文学巨著，与她们小时候的阅读习惯是密不可分的。她们的父母经常陪她们阅读，消遣漫长的冬夜。她们围坐在熊熊的炉火前，共同阅读优美、抒情的文字。春暖花开的时候，她们常常聚集在野外，朗诵自己或别人的诗作。文学的种子自此就深埋在她们的心底。这正是她们能写出《简·爱》和《呼啸山庄》的源

泉。所以，中学生应多读文字，养成阅读文字的好习惯。

（3）感受文字的非凡魅力

互联网尽管模糊了时空的界限，让我们的生活更加便捷，但是，对文字的疏远，必然会让我们失去欣赏文字所蕴藏的深沉的魅力的机会。电子产品和纸质书籍的最大不同在于：电子阅读物缺少一种富有质感的触摸感，只有纸质阅读物独具一种令人倍感踏实的亲和力。当中学生静心阅读，以平和的心态在字里行间徜徉时，就能发现自己已经不知不觉地走进了一片迷人的宫殿，那里面的奇幻，会令他们流连忘返。

（4）制订阅读计划，阅读经典

古今中外的文学经典，自然是中学生阅读的首选。中学生应让自己的心灵与大师们交流、碰撞，深切地感受到文字里所蕴藏着的瑰宝。所以，在确定自己的阅读方向后，中学生要制订科学的、阅读经典名著的阅读计划。

（5）掌握高效的阅读方法，有选择地阅读

诚如作家赵丽宏在其散文《永远不要做野蛮人》中所说的："光有读书的欲望，恐怕还不行，还有一个怎样读书的问题。作为一个读者，我们不应该是一个简单的接受者，也应该是一个思想者，是一个参与者。读书的过程，是欣赏和接受的过程，也是思考和感悟的过程。如果能经常用自己的语言记录读书的感想，那将是一件极有意义的事情。当然，读书的过程，也可能是排斥的过程，因为，并不是所有的书都是有趣的。"

温馨提示：

有些中学生不了解阅读的诀窍，才对阅读产生厌倦。一旦养成阅读文字的好习惯，他就会逐渐喜欢阅读，从阅读中发现无穷的乐趣。

◆ 第七章 ◆

“下笔如有神”的写作能力

作文是一种书面表达形式。通过作文，可以把作者的思想感情或对事物的感知，用书面语言表达出来。同时，通过作文，还可以把经过实验、研究所创造的新知识用文字展示出来。

写作能力是一种书面表达能力，它是中学生多种能力的综合体现。在中学生的听、说、读、写四项语文能力中，写作是最难培养的一种能力，也是中学生需着重培养的不可缺少的一种重要能力。对中学生来说，作文几乎占据了语文考试中的半壁江山。因此，中学生培养与提高写作能力十分重要。

一、写作能力：体现知识和素质的窗口

突出的写作才能，不仅能使中学生妙笔生花，文思奔涌，而且能够培养形象思维能力和丰富的想象力。它不仅体现出中学生的多种能力，更是其人生的一大才华。它是知识和素质的体现窗口。

◆ 写作能力是多种能力的综合体现

在中考、高考中，语文举足轻重。而作文几乎占据了语文的半壁江山，因此，作文成了中学生考试中的关键。

一提写作，许多中学生就感到头疼，面对干干净净的作文稿纸，脑子里却一片空白。据中国教育权威机构调查显示，中学生怕写作文已成为一种普遍现象，原因是他们没有掌握科学的写作方法和熟练的写作技巧。如果掌握了写作文的规律、方法与技巧，写作文将是一件有趣而轻松的事情。

写作能力，并非短时间内可以培养成的，它是一个学生从小学到高中长期学习、大量阅读和经常训练的结果。从某种意义上说，经过十几年的学校学习阶段，一个合格的中学生，应该具备一定的写作能力。

写作包括以下四种能力。

（1）培养审题立意的能力

审题正确，全面地理解题意，审明内容范围、文体限制，确定文章写作的重点，做到不离题、不偏题。立意要能吃透材料的精神，能透过材料提炼一个正确的主题。

（2）培养组织和结构的能力

这一能力要求掌握安排层次和分段的基本方法，学会运用开头和结尾的一般方式。

（3）培养编写提纲的能力

这一能力要求能拟出文章题目，写出主题思想或中心论点，写出文章的结构安排。

（4）培养书写规范化的能力

要清楚好认，美观大方。要正确使用标点符号，并注意标点所占的位置，行文格式要符合规范要求。要养成良好的文风：求真实，戒虚假；求充实，戒空洞；求新鲜，戒陈腐；求质朴，戒浮华；求精当，戒冗繁。

温馨提示：

一般来说，写作能力包括审题（命题）的能力，立意的能力，搜集材料的能力，选材和组材（布局谋篇）的能力，语文表达的能力，修改作文的能力等。

◆ 写作特长是人生的一大才华

在当代社会，写作与人们的学习、工作、生活密切相关。处于人类社会飞速前进、科学文明高度昌盛的时代，如果没有以写作为媒介，那么，组织社会生产和生活；进行政治、经济、文化活动；传播科学思想和科技知识；交流社会信息；贮存精神财富；促进人类文明的持续发展等都无法实现。由此表明，写作在人类社会实践活动中占有极为重要的地位。

中学生要想成为未来的社会英才，应当具备写作的才华。因为写作特长既是一种知识的体现，而且是中学生一大才华的亮点。

具体说来，中学生开发写作特长具有重要意义，主要有以下几点。

（1）掌握写作能力，可以提高自身素质

中学生提高写作能力，可以提高他的科学文化素质。如果中学生没有写作能力，那么，他的思想感情就不能表达，经验就不能总结，不能记载下来，也就不能与他人交流。人类科学文化的进步很重要的一条，就是能够总结经验，并把经验记载下来，相互交流，传之后代。若不能写作，即使有丰富的经验，也不能总结和保存下来。周扬同志说过：“写作问题，实际上就是教育的普及和提高的问题。”从培养写作能力的角度看，不论是想当作家的孩子，还是不想当作家的孩子，都应该提高写作水平。这是我们国家的科学文化水平的提高问题，一个有文化的国家，人人都应该获得这种能力。可以这么说，如果中学生写作水平低下，必然导致其科学文化素质不高，那是很难在高度发达的现代文明社会中走上成功之路的。

（2）掌握写作能力可以彰显才华亮点

今天的信息时代，虽然代笔的工具日益先进，但组织一篇文章，拟就一份文件，都需要具有写作的基础和能力。国外一些专家、学者将人们的阅读和写作能力称为“第一文化”，将掌握电子计算机语言称为“第二文化”。作为一个现代社会有文化的中学生，必须掌握这两种“文化”，而“第一文化”又是获得“第二文化”的前提和基础。

很多社会英才的人生经历表明：出众的才华是成功的媒介，而出色的写作特长是成功的好帮手。一个文采横溢、妙笔生花的中学生，未来一定比其他人有更多获得成功的机会。

（3）开发写作特长可在未来竞争中脱颖而出

今天的中学生将来一旦走入社会，竞争会接连不断。所遇到的第一个挑战就是如何应对求职就业的竞争。同等的机会，同样的条件，具有写作特长的人往往容易胜出。因为，写作是动脑与动手综合能力的体现。用人单位从不拒绝有写作特长的人。

据报载：某高校曾对一个班进行一篇1500字文章写作能力测验，结果这个班30名学生中，文章有错别字的有24人，不会使用标点符号的有18人，不用标点符号的有3人，44%的学生不能准确地表达自己的思想；还有某高校对本科生、研究生的毕业论文和毕业设计进行抽查，竟有72%不符合写作规范和要求。

这一极不正常的现象引起了社会的高度重视。专家认为，造成这种现象的主要原因就是中学生没有从小在家长的帮助下进行写作特长的开发。

试想，一个大学毕业生，不能运用祖国的语言文字写出一篇文理通顺的文章，那么，这样的人才又怎能适应时代发展的需要，又怎能胜任自己的职场工作，又怎能适应世界新的技术革命的潮流呢？著名数学家华罗庚曾强调指出："学科学的不学好语文，写出的东西文理不通、枯燥乏味、佶屈聱牙，让人难以看下去，这是不利于交流、不利于科学事业的发展的。"

可见，中学生将来的成功和成才，是决然离不开写作这个重要工具的。因此，中学生应尽早开展对写作能力的培养，使自己的写作特长得以充分发挥，在中小学阶段就扎实地打好写作基础。

温馨提示：

社会生活的实践告诉我们：写作能力强的人，走到哪里都受欢迎。写作才能代表着一个人的才艺才华，折射着一个人的文化素养。

二、培养写作能力，让你拥有妙笔生辉的才华

中学生的写作能力不会自然形成，必然要通过认真观察、大量

阅读、善于学习、经常动笔、形成习惯而不断提高的。中学生要培养和提高写作能力，需要在正确方法的引导下，以刻苦的毅力坚持下去，日积月累，反复实践，最终必能妙笔生辉。

◆ 善于观察，善于发现，积累生动的写作素材

中学生要想写好作文，首先要有一双善于观察的眼睛。只有善于观察，才能积累写作素材，激发写作灵感，写出有特色的好文章。中学生要想培养、提高观察能力，就必须养成观察的习惯，善于观察，善于发现。

中学生学会观察要注意以下五个方面的问题。

（1）观察需要细致、全面、客观

细致，这是观察最起码的要求，只有细致，才能观察得具体、深入。观察不能只看个大概，看个轮廓，要精细地辨别，特别是不要被表面现象或突出的部分掩盖细节，掩盖本质。

比如观察一朵花，有的中学生看了以后只能说出红的花，绿的叶，很鲜艳，很漂亮。再具体追问下去，才能说出花的大小和有四五片花瓣，别的就说不出来了。有的中学生却能说出，花开得有铜钱般大小，五片边缘带锯齿形的花瓣红得有些发紫；花瓣边缘颜色深，底部则逐渐变浅，花心上有细小的花蕊，细得像发丝似的等。前者观察十分笼统，所以说不出具体印象，后者的观察就比较细心了。

全面，就是要观察事物的各个方面，即前后左右上下里外，从整体到部分，各部分之间的联系以及发展变化的过程，都应观察到。例如观察人民英雄纪念碑，就不能只看正面，不看侧面和背面；只看碑体，不看碑座；只看形状，不看其材料和构造等。另外，还要看到它在天安门广场的具体位置，与其他建筑物之间的关系等。

客观，就是在观察中不能掺杂任何主观的、感情的因素，不能用自己的主观意识代替事物的客观情况，也就是不能想当然。比如有的学生描写夜空景象，写成“皓月当空，繁星满天”，这就是想当然了。其实“皓月当空”时，虽然也有星星，但在明亮的月光中许多星星的光亮已经显现不出来了，只能是“月朗星稀”，绝不会是“繁星满天”。

（2）观察时要注意事物的特征

这就是要求抓住一事物区别于其他事物的个别的、特殊的性质。观察事物特征的时候，既要注意显著的部分，也要注意隐蔽的细节部分；既要全面观察，也要做细致观察。这样，才能把握事物的特征。另外，还可以通过比较的方法从同中发现异，从异中发现同。

达·芬奇学画蛋，就是要画出鸡蛋在不同角度观察时的差别。法国著名作家莫泊桑在开始学习创作时，他的老师——大作家福楼拜曾让他到街上去观察十个马车夫一天的活动，然后描写出他们各自不同的特点。莫泊桑后来说，他之所以学会创作，全靠这样的训练。

抓住事物特征就要仔细观察，不断向事物内部探索，形成敏锐的洞察力，以便对事物有独到的发现和深邃的认识。

抓住事物特征的一个比较好的方法，是在观察中注意对事物进行比较，在比较中看到差别，看到变化。观察时既要注意到事物的全貌，又要注意到它的各个组成部分及相互间的关系。这样，既可以掌握事物的整体，又可以避免笼统与模糊的印象。仅仅看到事物的皮相，那不是良好的观察力；只有透彻地看清事物的细节，看清事物的内部联系，看清一般人没有看到的微妙之处，那才称得上是良好的观察能力。

（3）要把观察与思考结合起来

观察虽然主要是一种感知活动，但它并不是单纯的感知，不是消极被动的注视和观看。否则，就只能使观察停留于事物的表面和孤立的特征之上。积极主动的观察就是要边观察边动脑思考，注意寻求每一个细节，不放过任何特殊之处，在对比中找出特点，以便由此及彼，由表及里，透过现象看到本质，使认识从感性上升到理性，从平常现象中发现不平常的东西，从表面不相干的事物中找出其内在的联系。

（4）由简单到复杂，循序渐进

学习观察也要像学习其他事物一样，从简单的事物开始做起，特别是从观察身边那些不起眼的、点点滴滴的细小事物开始，踏踏实实、仔仔细细地观察。由小到大，由近到远，由静到动，由物到景，由景到人，由易到难，由表及里，使观察力逐渐得到提高。如果一开始就选择复杂的事物作为对象去观察，有时会感到无从着眼，不但效果不会好，而且也容易丧失信心或满足于现状。而从身边熟悉的事物开始，难度较小，便于把握，然后再逐步扩大，由近及远，家庭、班级、课内、课后、校内、校外、生活学习、物品器具、植物动物、自然景物、社会风情等，都可以作为观察对象。

（5）记观察笔记

“好记性不如烂笔头”，对观察的结果和所获得的认识，要及时记录下来予以保存。一是因为当时看得清，看得细，印象深，及时记录能够保存详细具体的材料。不然，过后淡忘了，用时还得重新观察，而有些事情过后是很难重新观察到的。二是记录的过程还可以重新整理和深入进行思考，有助于认识的进一步提高。

观察笔记以写清楚、写具体为准，形式不拘一格，成形的短文，零散的记录，观察的结果，自己的看法和认识，总结观察的经验和体会，等等，都可以写，但都应注明观察的时间、地点，观察的方式、角度等，为将来写作提供可靠的材料。

温馨提示：

“生活是写作的源泉。”中学生要经常观察生活，积累素材，这是写好作文的基础。

◆ 材料新颖，易打动人心

材料是组织作文的最基本要素。俗话说“好钢用在刃上”。从写作上来说，就是好材料要用在高考作文上，这样才能使你的作文显得与众不同，有声有色。那么，什么样的材料才是好材料呢？那就是新颖。唯有新颖，阅卷老师才不会感到作文内容千篇一律，才会对你的作文另眼相看，也才能给你高分。因此说，要想获得满分或高分作文，材料一定要丰富新颖。只有材料意蕴丰新，才能打动阅卷老师的心。

中学生使用材料一定要有“灵气”，常用方法有以下四种：

（1）反常法使用材料

有些材料在一般人看来已有固定的内涵，一旦反常使用，新意就扑面而来，这样作者的睿智便征服了读者。例如“昨夜西风凋碧树。独上高楼，望尽天涯路。”（晏殊《蝶恋花》）“衣带渐宽终不悔，为伊消得人憔悴。”（柳永《蝶恋花》）“众里寻他千百度，蓦然回首，那人却在，灯火阑珊处。”（辛弃疾《青玉案》）这里列举的几个词句，本来是诗人用来抒发主人公对爱情的执着追求，有位考生却借用来表达成就大事业、大学问的人必须具备的三种境界。这不是新颖而充满灵气吗？

（2）再现法使用材料

使用同一材料，从同一角度表述同一主旨，是机械地引述，还是形象地再现，效果大不相同。

这种再现法用料方式在余秋雨的散文中随处可见。例如：“王道士每天起得很早，喜欢到洞窟里转转，就像一个老农，看看他的宅院。他对洞窟里的壁画有点不满，暗乎乎的，看着有点眼花。亮堂一点多好呢？他找来两个帮手，拎来一桶石灰。草扎的刷子装上一个长把，在石灰桶里蘸一蘸，开始他的粉刷。第一遍石灰刷得太薄，五颜六色，画还隐隐显现。农民做事就讲个认真，他再细细刷上第二遍。这儿空气干燥，一会儿石灰已经干透。什么也没有了，唐代的笑容，宋代的衣冠，洞中成了一片净白。道士擦了一把汗憨厚地一笑，顺便打听了一下石灰的市价。他算来算去，觉得暂时没有必要把更多的洞窟刷白。就刷这几个吧，他达观地放下了刷把。”这是《道士塔》中的一段文字。作者是怎么知道王道士粉刷洞窟时那么详尽的细节的呢？他走进洞窟，经过了解，可能还会找到有关王道士粉刷洞壁的基本材料。如果用说明性或陈述性文字转述出来，语言也许很简洁，却彻底地失去了神韵。

余秋雨先生采用再现方式，用文学式语言，把不在眼前的事实形象地呈现在读者眼前，使材料呈现出一种活力，增添了一种灵气。

（3）借代法使用材料

文章中要用到很多材料，完整录用（包括背景材料），有时没有必要，也显得累赘。如果用某一个有代表的具体材料作“点”，其余的作“面”，点面结合，作“面”的材料就加大了论据的容量，浓缩了文章的篇幅，避免了材料的堆砌。

所谓借代法用料，就是采用一种“借代”修辞的艺术方式处理“面”上材料的方法。例如：“人类从诞生的那一天起，创新的脚步就从未停止过。历史从古埃及的纸草文字中走过，从中华的四大文明中走过，从牛顿的三大定律中走过，从克隆绵羊‘多利’中走过。一串串创新的成果在历史的天空中熠熠生辉。”这段文字采用借代法巧妙交代材料，同时用一个排比句表述出来，紧扣“创新”二字，从古代文明到现代文明，既有历史的纵深感，又扩展了论据的涵盖面，读来文采斐然，气势磅礴，新鲜感也扑面而来。这样的文章怎能不令读者怦然心动呢？

（4）嵌入法使用材料

作文常常要用到一些名言警句，这些语句内涵丰富，在人们口中广为流传，作为材料使用，很有表现力。嵌入法使用材料，是指将名言警句嵌入自己的语言之中，增添文化底蕴的一种方法。例如：“选择永恒，需要大丈夫精神，需要慷慨志向，需要探寻，需要高洁。”如果嵌入名句，效果就大不一样。“选择永恒，需要‘威武不能屈'的大丈夫精神，需要'金戈铁马'的慷慨志向；选择永恒，需要'吾将上下而求索'的探寻，需要'要留清白在人间'的高洁。"两种语言，优劣泾渭分明。

温馨提示：

中学生要在平时养成关心社会的习惯，要立足于现实，富有时代现实感，积累丰富的素材，一旦需要就能源源不断地涌出来。

◆ 文章结构要不落俗套

每一篇文章都有自己的结构，谋篇布局就是如何安排好文章的整体结构，从而使一篇文章让人读起来感到完整、流畅、动人。

精巧的结构是高分作文必备的重要因素，结构要标新立异，超越一般，要精雕细琢。

作文的结构设计，不仅表现出中学生的知识储备程度，还能反映出中学生的文学修养水平。设计出精巧的作文结构，一要完整，前后照应；二要连贯，主次分明；三要清晰，层次分明；四要新颖，创新出奇。同时要特别照顾作文内在的逻辑关系，并且要掌握和运用行文的形式技巧。

安排应试作文的结构，不能墨守成规，而要跳出俗套，勇于创新。这里介绍三种结构创新方法。

(1) 跨越时空法

跨越时空法又叫故事新编法，就是利用已经有的历史故事中的人物，或者著名小说中的人物，让他们跨越时空的界限，在我们的文章中再表现一次，以他们的新经历，解说我们的文章主题。

例如"假如记忆可以移植"的话题作文，就有考生假设孔子的记忆还在，于是把它移植给一个现代人。结果，这个现代“孔夫子”在生活中发生了一系列啼笑皆非的事情。先是见了电灯用口去吹，还边吹边说：“风吹而不灭，何也?”拿起钢笔写字：“噫，怪乎哉，笔尖何其硬也?”打开电视，看见言情片中男女接吻，就狂叱责：“男女授受不亲！此非礼乎！”掩面不看……如此跨越时空，既幽默风趣，又深刻地揭示出了文章的主题：“记忆移植不等于移植知识和能力，不等于移植科学与思想。”

跨越时空法，还可以把现代人的生活和过去的故事穿插起来叙述。

（2）展示梦境法

把梦境引进作文里来，是一种有趣而又自由的方法。因为在梦里，我们可以自由发挥，而又不会受过多的限制；可以升华主题，而又不露痕迹；可以把不现实的东西变成现实，而又不觉得荒唐。例如湖南一考生的满分作文《梦回楼兰》：

梦回楼兰

头痛得很厉害，像要炸开了似的。我用力地睁开眼，映入眼帘的是一种我似乎很熟悉又似乎根本见所未见的古建筑。我环视四周，竟发现自己躺在浸着莫名液体的水晶棺里，动弹不得，一身素白的古装。天！我大脑深处的某种东西隐约地告诉我，这儿是楼兰。

有许多人在抬着水晶棺往某个地方去。我听到了楼兰古老的民族乐曲，浸透了哀愁。潜意识又告诉我，这是个葬礼，而将要被埋葬的人就是我。我试着掉过头，看到了同样身着素装的许多人。那个哭得最伤心的老妈妈是我的“阿妈”，那个步履蹒跚的老大爷是我的“阿爸”，而走得最近，痴痴地流着泪的年轻人是与我无缘成为夫妻的我的未婚夫。是的，就在婚礼将要举行的前晚，外族人又攻入了我们的城市，飞来的流矢射中了梳妆镜前的我，于是，一场婚礼变成了葬礼。

孔雀河神知道我有多么不愿离开我至亲至爱的亲人们。我的泪混入水晶棺内的液体中。我张开嘴，却发不出一丝声响。

看着他们伤心欲绝的样子，我心痛得无法自已。这座城，是生我养我的楼兰城；这些人是生我养我的楼兰人。我想起了儿时阿妈常做的烙饼，想起了情同手足的姐妹们，想起了常常微笑着的大爷大娘，想起了与他相识相知的点点滴滴。我生是楼兰人，死也是楼兰鬼。记忆如同没有上闸的水坝任流水宣泄而下，所有以前的、现在的记忆都如同电影一样地回映在脑海中，那么清晰，那么自然，让我丝毫不怀疑他们的真实。

音乐停下，缓缓未定地从测试椅上弹起，一把扯下扎在头上的大大小小的线路。博士走过来，安抚地拍拍我："没事，这次测试已经结束了，移植到你脑中的记忆全部被仪器记录了下来，手术很成功！"

这只是测试手术？我想起来了，博士将两千多年前死于非命的楼兰女尸的记忆移植到了我的脑中，结果，我才经历了刚才那一幕。

原来，我只是借着她的记忆，梦回楼兰。

(3) 设置谜语法

精心设置谜语，让文章充当谜面，用标题揭示谜底，让人们读完全文之后，才恍然大悟，体会到作者构思的巧妙。

或者让标题和文章都充当谜面，而让文章的主题或者中心思想做谜底，哪怕是文章中不着一字，但通过文章的内容都能够明白无误地看出谜底来，这样的谜语设置法，也是很吸引人的。这样的文章常常被人称赞为"不着一字，尽得风流"。如山西一考生满分作文《最后一件事》。文章写一个失业的年轻人面对着生存危机，自杀之前要办完生命中的最后一件事——诚信的故事，就是采用这种方法构思的。文章中没有一个字写诚信，但读完文章之后，我们不禁要为作者感叹：主人公命运的改变就是因为他拥有诚信，诚信原来是多么重要啊！构思实在精巧！

不过，中学生利用这种方法在写作的时候一定要注意，文章内容尽量地切合主题，是谜语的形式，但又不能够令人费解。因为考试作文毕竟不是猜谜语。文章要力求让人一看就懂，明明白白是这种构思的关键。

（4）巧设小标题法

近几年的考场满分作文中，有相当一部分采用了拟小标题的结构形式，这不失为一种显示清晰结构的好方法。

使用小标题，文章的基本结构也能够从外表上一眼看出来，所以我们也把它归入外在构思法的范围之内。这种方法的好处，就在于使用小标题，文章的思想内容能够一眼看出来；而且，由于小标题的提示作用，在写作的时候，可以严格地保证文章的内容相对地单一、完整。

小标题一般都是文章中特别显眼的句子或词语。这样的话，就能够尽快地吸引阅卷老师的注意力。能够引起他们注意的文章，一般都是能够给他们带来好印象的文章。因此，凭借小标题，也能够起到出奇制胜的作用。

比如2003年高考，甘肃考生的《蓝色蛹·金色蝴蝶》就精心设计了4个小标题："蓝色——流动的忧郁""蛹——自缚的悲哀""金色——我爱上了世界""蝴蝶——破茧后的美丽"，4个小标题的前半部分连缀起来，恰好是文章的总标题，总标题与4个小标题之间相得益彰，使整篇文章犹如一首优美的小夜曲，结构非常完整而明了清晰。

在运用这种结构形式时，应注意小标题要围绕中心，体现文章主旨，数量以3个或4个为宜，内容上应体现并列或层进的逻辑关系，形式上做到结构大致相同、字数基本相等。

使用小标题，中学生还需要注意以下两点：

一是小标题尽管小，但也是文章的标题，凡能够用来给文章拟题的方法，都能够用进来，而且，小标题还有比大标题方便的地方，就是能够通过一句话或者一小段文字，来提示文章的思想内容。这样，它的信息含量就比大标题多。

二是小标题的个数有一个最低的下限。完整的文章，小标题的个数至少是两个，一般都在两个以上。如果只有一个小标题，那么就没有必要使用小标题了。所以，使用小标题，一定要注意文章结构完整，小标题的数量有一个最基本的限制。因此，就要注意语言的精练。

此外，还有一个技巧问题，既然小标题的容量比较大，我们就可以使用文章中的精彩句子做小标题，或者用文章中比较有悬念的话作为文章的小标题。这样就更能够吸引读者一些。

温馨提示：

中学生可以把一篇文章的结构打乱，重新进行组合，然后进行比较，进而使结构布局合理而科学。

◆ 妙笔生花，精心锤炼语言

精心锤炼语言是写好文章的最基本要求之一。语言是组成文章的部件，部件不合格，组装起来的文章也一定不会合格。那么，中学生在写作中应怎样锤炼语言呢?

(1) 语言要准确

准确，是语言运用最基本的原则。

法国作家福楼拜有一段经常被人引用的名言：

“我们无论描写什么事物，要表现它，唯有一个名词；要赋予它运动，唯有一个动词；要得到它的性质，唯有一个形容词。我们必须继续不断地苦心思索，非发现这个唯一的名词、动词与形容词不可。仅仅发现与这些名词、动词或形容词相类似的词语是不行的，不能因为思索困难而去用类似的词语敷衍了事。”

这就是著名的选词造句的“唯一”说。这里所说的“唯一”，并非如数理化习题中的“标准答案”一般，除此之外别无选择，而是指出了一种努力方向，一种精益求精地追求尽可能完美的境界。

汉语的词汇丰富，给我们作文提供了广阔的选择余地，我们要善于辨析某些词的细微差别。有些词意义似乎相差不多，但仔细辨析，它们所代表的概念并不全同。有些词意义相近，但是适用的对象不同。有些词除了它的基本意义之外，还带有褒或贬的感情色彩；有些词孤立地看是“中性”的，可是在特定的场合也会带上褒贬色彩。有些词的差别在语意的轻重上。有些词则存在着风格上的差异，往往与文章体裁或内容有密切关系。我们作文时要仔细推敲，准确理解词的意义，准确选用词语。

（2）语言要生动

所谓生动，是指写什么，像什么，不仅形似，而且神似：写江河，如闻水声，如见水波；写花园，如见群芳，如嗅奇香；写战场，如闻杀声动地，如见血肉横飞；写联欢会，如闻欢歌笑语，如见彩灯舞影……达到这一步，你的语言便可登堂入室了。

那么，怎样使你的语言生动起来呢？可在“生”和“动”二字上下点工夫。

所谓“生”，是指“栩栩如生”的“生”，强调的是“形似”。一般来说，“具体”、“形象”便可产生“形似”的效果。所谓“动”，是指“呼之欲出”、“跃然纸上”的意境，强调的是“神似”。这一步比较难，但如有意识地进行训练，也是不难达到的。

比如毛主席的词《水调歌头·游泳》中有这样的名句：“一桥飞架南北，天堑变通途。”其中“飞”字用得就别有韵味：首先“飞架”的“飞”表示了建桥速度之快，武汉长江大桥十个月就建成通车了，可谓快矣；其次，桥墩高大，托起长桥，使之产生了“凌空欲飞”之感。一个“飞”字便含有如此丰富的内涵，难怪人们格外欣赏这一名句。

（3）语言要得体

语言的得体，对增强文章的表现力是非常重要的。然而，要做到语言得体，还必须考虑以下因素：

①作文的目的。作文都是有感而发，要达到一定的交际目的。以写信为例，总是要告诉对方一些什么事。如果只是没来由地写一通景，抒一气情，“无病呻吟”一番，别人读了这样的信，恐怕不仅不欣赏，心中可能还要生出厌烦。

②交际环境。说话、写文章必须将交际环境考虑在内。所谓交际环境，就是言辞实现交际功能的所在环境，它包括上下文，包括发表言辞的时间、周围的自然景观或社会背景等。

③交际对象。说话时，对方是谁；写文章，给谁看，这就是交际对象。不考虑交际对象的特点，说话、写文章就达不到预期的交际目的。交际对象的特点包括对方的年龄、身份、文化水准、心理需求以及和你的密切程度等。

温馨提示：

中学生要在写作中运用精彩的语言，就是要做到语言的准确、生动与得体。

◆ 以情抓人，高分作文的高妙之笔

高分作文必须饱含浓情，以深情抓人，情要真切，才能打动阅卷老师的心。

情是文章的灵魂。大凡古往今来的名家名篇，有哪些不是情寓文中，以情动人？不说入选教材的《祭妹文》、《项脊轩志》、《与妻书》、《背影》，单就贺铸的“重过阊门万事非”，苏轼的“十年生死两茫茫”，不就让人读不释手、诵不绝口吗？

没有谁不爱真情而喜矫情的。因此，要想作文获得高分，中学生就得写出你的真情来。

(1) 融情于事

在叙事文中，有些中学生只注重叙事结构的完整而往往忽略情感的浇铸。因而大多写出来的事很平淡，难以让人留下深刻的印象。如果融浓情于叙事中，往往会收到事半“情”倍之效。请看谭信同学的《我被青春撞了一下腰》中描述“我”查高考分数的那一段：

深夜，手已微微颤抖的我趁家人已熟睡，拿起电话拨通了那一串早已铭记于心的号码。“请记录，你的分数是……”我慢慢地挂了电话。猛地，我又抓起话筒，心有不甘地拨打着。一遍又一遍，没有任何改变的分数正一步一步侵蚀着我的希望。那一夜，我无眠。

读完这段文字，我们的眼前自然浮现出一个高考过后焦急地等盼分数，而一旦知晓了但又不是很理想时的那种烦躁、失落与不安的学子形象。这又全得益于那明明得知了分数还一遍又一遍拨打电话的近于失常的举止的叙写。

(2) 融情于人

记叙文中，人物总是占有很大的比重。一个情深于血的人与木乃伊，其感染力当然有天壤之别，请看乐智希同学的《丑女孩的诉说》：

我是一个丑女孩。大肥脸，小眼睛，扁鼻子，厚嘴唇。天生一副丑相。我很自卑。我不愿与别人说话，不愿与别人一起走路，尤其是那些漂亮女孩。因为我不愿与她们形成对照：丑对美，丑只会更丑。

在这篇作文里，作者在叙描人物时不是简单的勾勒，而是注情其中，与之同呼吸共命运。

(3) 融情于议

提到议论，无人不知其功能是用来点出记叙中的内蕴，升华文章的主旨。其实，同其他表达方式一样，议论也是载情的工具之一。大凡读过《谁是最可爱的人》的，没有谁不为文中所表现出来的那种强烈的情感所震撼。这种效果除了文中的三个故事，恐怕也少不了那三个故事后饱含深情的议论。不少聪明的中学生也常常借助这一表达方式来抒情表意。《老师，请端正您的天平》中的议论片断就是采用这一表达方式的。

高考前夕，班主任将有希望考上大学的同学请去吃饭。剩下来的同学在班上闹成了一团糟——

"老师，我真想让您看看当时的那个场景，让您看看当你们在酒席上觥筹交错时，您的那些剩下来的学生都怎么了……诚然，老师偏爱成绩好的学生是人之常情。可是，在这样的非常时期，差生更需要您的微笑与鼓励……"

一直以来，老师这个职业在我心中始终围绕着一道光环。特别是最近一段时间，您忙碌的身影、焦急的神情更让我觉得您的可敬可亲。然而，今天，我突然感觉到您的行为的不可理解……

(4) 融情于文

语言是内容的外壳、情感的载体。"字字看来皆是血"，中学生不可能像名家那样每一个文字都浸润着自己的思想情感，但字字传情则是中学生的追求。

(5) 融情于景

寄情于景，朱自清先生可谓是高手。请读《荷塘月色》中的一段：

曲曲折折的荷塘上面，弥望的是田田的叶子。叶子出水很高，像亭亭的舞女的裙，层层的叶子中间，零星地点缀着些白花，有袅娜地开着的，有羞涩地打着朵儿的；正如一粒粒的明珠，又如碧天里的星星。微风过去，送来缕缕清香，仿佛远处高楼上渺茫的歌声似的。

初读，似乎除了荷塘就是荷叶荷花荷香；细品，才使人感到那绿荷白花中融进了作者那柔和的、淡淡的、朦胧的喜悦之情。要不，怎让人百读不厌？

（6）情在“我”心中

“感人心者，莫先乎情”，“情者，文之经”。要想情寓文中，出“情”制胜，首先要自己有情，而且还得情深意切，情深如火。一位名人说过，一篇连自己也感动不了的文章，要想去感动别人也确实太难了。那么鹦鹉学舌——一篇没有倾注进自己感情的文章，要想阅卷老师笔下生分也确乎异想天开了。

当然有了情还不够，还得像巴尔扎克那样，笔下的主人公死了，他躺在地上打滚；安娜·卡列尼娜死了，托尔斯泰热泪盈眶！

情一旦与文水乳交融，你还愁得不了高分吗？

温馨提示：

中学生要想写出高分作文，必须以情感人，以情“抓”人。从平常一点一滴的小事中酝酿出“大”感情。

◆ 文贵于“新”，写出自己的个性魅力

满分作文一定要别出心裁，要独辟蹊径，由奇、新、精取胜。

“读书贵有心得，作文贵有创新”。“文贵创新”，这种创新首先是指思维的创新，有新意才能写出好文章。只有想人之未想，作文才可能得高分。其次是指知识的创新。重复别人毫无趣味，只有积累新知识为我所用，才能妙笔生花。最后是指写作上的创新。只有

灵活的方式、新颖的体裁、出奇的寓意才能使作文生色出彩。

近年来，高考语文科《考试说明》在写作的发展等级中都提出了“材料新鲜，见解新颖，有个性特征”等创新要求。这有利于学生写出新鲜活泼、真实生动、有独到见解和鲜明个性的好文章。

写出高人一筹的应试作文，想必是每个中学生的愿望，那么“高”又“高”在何处呢？——“高”在唱自己的歌，写出具有个性的应试作文。

高考作文的创新需要体现在方方面面，如标题的新颖、语句的奇美、体裁的奇特等，但最主要的方面还是体现在文章的立意上。

要想得高分，必须多角度地进行创新。为此，中学生必须做到以下几点：

（1）见解新颖

见解新颖指有自己的独特感受和发现，不蹈袭他人，也就是要求立意创新。这里的“新”是相对的“新”，只是相对于大多数同学而言，要求你的见解与他人有所不同，有独到之处。

那么，怎样才能做到见解新颖呢？

①多角度开拓，悟出新意。新的立意来源于多角度地分析材料，挖掘出材料中隐藏的含义。一般地说，话题作文提供的材料含义通常不止一个，话题范围宽泛，能否写出新意，就看你是否能多角度地分析材料和话题，从不同角度分析其含义。只要能抓住材料中所提出的各个因素，从各个角度对材料作整体分析，写出新意并不是难事。

②思维求异，不同凡响。高考作文，万人同作。所以，必须避开“大路思维”，另辟蹊径，才能摆脱雷同的思路束缚，寻找到新的视点。如2001年高考某考生作文《找回诚信》写的是雨中送伞的小事，却没有按常规思维歌颂助人为乐，而是写小男孩为了证明自己做了好事，索要签名，为了凑足十件好事期末当选三好生而雨中送伞，鞭挞了现实生活中不诚信的现象，立意不落俗套。

（2）材料新鲜

美国教育家华特·科勒涅斯指出：“语文学习的外延和生活的外

延相等。”作文的过程从某种意义上说也是对生活的“加工”过程，因此，新鲜的作文材料，也只能从生活中得来。只有密切联系生活，开发作文资源，才能让考生的作文中流淌出清新的生活之水。

①从社会生活中来。考生要紧跟历史潮流，把握时代脉搏，放眼世界，关注社会，关爱人类，这既符合作文教学的规律，也是中学生成长的需要。中学生可以利用电视，收看“新闻联播”、“焦点访谈”、“东方时空”等栏目；订阅《中国青年报》、《半月谈》等报刊，开阔视野，开拓素材空间，提高思想水平和文学品位。

②从校园生活中来。校园生活丰富多彩，校园故事生动感人，悉心体察，深入挖掘，就能采摘到真情的花朵，谱写出动人的篇章。

③从家庭生活中来。家庭生活中，血浓于水的亲情、温馨无比的爱意、酸甜苦辣的悲欢是中学生作文取之不尽的素材源泉。一位同学在《母亲残损的手》中写道：“我急惶惶地来到母亲的病床边。她用混浊而呆滞的目光看着我。两只手放在被子外面，这是一双伤痕累累的残损的手。手背上青筋条条突起像纠缠的老藤，指关节如竹节般粗大突出，手指屈曲不能伸直，指甲盖有的残缺不全，有的已快脱落，手茧层层相叠，又厚又硬，手掌和手指头又深又密的裂口处露出淡褐色，那是长期劳动的积染……这是我第一次这样近也是第一次这样仔细地看母亲的手。母亲就是用这双伤残的手，把我和哥哥抚养成人的。”精细的观察、深沉的感悟中蕴含着作者沉重的愧疚之意和真挚的报恩情怀，没有亲身经历，是难以写出如此情真意切的话语的。

④从家乡生活中来。家乡的山水、风俗、人情、人文景观等，经过饱蘸情感的笔墨点染，都会放射出夺目的光彩。

生活赋予了每个人一个生存和展示的舞台，朝气蓬勃的中学生应果敢地走出旁观者和局外人的行列，大胆地参与生活、体验生活、创造生活，做生活的主人。我们必须擦亮尘封的眼睛，以主人翁的姿态去观察高山流水，去感知风花雪月，去体验世态炎凉。只有这样，我们才能学会生活并调动缤纷绚烂的生活积累去塑造生活。

（3）构思新巧

古人云："文章须自出机杼，成一家风骨。"这里的"机杼"就是指构思。只有构思新颖的文章，才能从千千万万的高考作文中脱颖而出，赢得阅卷老师的认可。相同的材料、思想和内容，用不同的方式表达出来，效果大不一样。

构思创新的技法很多：或巧选线索，脉络分明；或运用倒叙，设置悬念；或巧设伏笔，前后呼应；或卒章显志，振聋发聩；或先抑后扬（先扬后抑），出人意料；或化用传说，独出心裁，等等。

（4）想象有独到之处

想象是根据有感知的生活材料进行合理的具体形象的推想，是创造力的基础。高考作文中的想象，必须受题目要求、主题范围的制约，进行有目的的选择和提炼。

①想象要丰富。"思接千载，视通万里"，可见我们想象的丰富性。要做到想象丰富，有以下几种方法：一是时空转换。在想象的世界里，可以"思接千载，视通万里"，让时光倒流或预支，让天地浓缩或扩展。二是换位想象。即改换一个人的身份和地位，让他变成与原来完全相反的另外一个人，从而导演新的人间悲喜剧，演绎新的"天方夜谭"。三是故事新编。让历史人物、文学形象复活，通过他们的视角来展示古今的变化、社会的发展，歌颂进步，批判愚昧，鞭挞丑恶。四是将历史神话、民间传说重新演绎，赋予其超越时代的新内涵，或采用童话、寓言形式来表达一种思想，让深刻的思想蕴含在充满趣味的描述之中。

②想象要合理。想象要大胆，但不可妄为；想象要奇特，但不可怪诞。想象要合情合理，要善于联系书本、联系自我、联系社会、贴近生活，有感而思，有感而发。只有这样，想象才能立得住、站得稳，文章也才有感染力。

③想象要深刻。无论想象多么丰富，推理多么奇特，若没有深刻的思想性，文章就失去了灵气和神韵，就很难引起读者的共鸣。当然，推理想象的深刻性也往往融合在它的独创性中。正如前人所言，想象源于积累，成于妙思，精于创新，美于瑰丽，忠于逻辑。

④想象要有个性。“性情面目，人人各具”，高考作文也应有个性特征。虽然对中学生来说，写作一般还谈不上风格，但写作可以形成自己的个性。个性主要体现在立意角度、结构安排、材料选用、语言特点等多个方面。具有个性特征的文章写作技巧较多，从审题、立意、结构布局、语言运用以及文章体式等方面都可以创作出个性特征来。某一个方面达到有个性的要求，就可以得到大部分发展等级分。

发展等级虽然分“深刻”、“丰富”、“有文采”、“有创新”四项，但其核心是创新。从立意构思到结构文章，从选用文体和手法到语言表述方式，都要求超过或突破常规写法，在内容上或形式上进行创新。而且这四项作为评分标准，是从不同的角度来审视一篇文章，而真正写得好的创新作文，往往具有多方面的特点。如果仔细推敲，我们还可以发现这四项也是“你中有我，我中有你”，“深刻”的文章也往往是“有创新”的，“丰富”的文章也往往是“有文采”的。而“有创新”既包含内容上的创新，也包含形式上的创新。

温馨提示：

中学生应我手写我心、我思、我悟，写自己所经历和所想象的生活。绝不人云亦云，也不“笔”是心非。让阅卷者能够从文章中体会作者的个性心声。

◆ 中学生显著提高写作能力的特异方法

“过电影法”和“摄影作文法”是有心的教师在教学中发明的帮助中学生显著提高写作能力的方法，对提高中学生的写作能力效果颇佳。

(1)“过电影法”

有的中学生写作文时常犯的一个毛病就是不具体。文章写得索然无味，让人看不下去。有一位老师总结出“过电影法”，能帮助这些学生写好作文。实践证明，效果良好。

“过电影法”，具体有以下几个步骤：

第一步，选取“镜头”。比如说作文题是“春天”，那么中学生就要想一想，有哪些“镜头”（照片）与春天有关呢？这实际上是搜集素材的过程。

第二步，剪辑“镜头”。选好“镜头”后，再考虑哪一个“镜头”放在前面好，哪一个“镜头”放在后面好？哪个“镜头”多说几句（特写）好，哪个“镜头”舍去不用好？这实际上是选材和取材的过程。

第三步，放“电影”。把剪辑好的“镜头”从头到尾串在一起，在脑子里放一次“电影”。这实际上是通常所说的打腹稿的过程。

中学生根据各自不同的情况，还可将这一方法与写事、画画等结合起来。比如说，可以要求学生把每一个想到的“镜头”写出来或画出来，然后再加以组合。

(2)“摄影作文法”

我国传统的作文教学过程是“教师命题——学生写作——教师讲评”，学生写的不一定是他们愿意写的。作文在学生的印象中，不是活生生的生活、人物，而仅仅是作业。

为了改变这种不符合学习规律的现象，广东省珠海市教委充分利用改革开放后城市中大部分家庭都有照相机这个条件。把摄影和作文结合起来，创立了别开生面的“摄影作文法”。学生通过这种方法来写作文，真正把“让我写”变成了“我想写”，把死文字变成了活文章。

摄影是一门艺术，随着人们生活水平的提高，摄影已成了今天人们生活的一个组成部分；而作文是学校语文教学的一个重要环节。

摄影与作文似乎是“风马牛不相及”的两码事，但细琢磨起来，摄影与作文却又有着许多共通点。

围绕主题选材就是摄影与作文的共通点。摄影要围绕主题考虑景物的取舍、光线的运用、角度的选择；作文要围绕中心选择材料、选择表达的形式、确定材料的详略等。

①“摄影作文”的特点。

它的特点可以概括为三个字：“趣”、“真”、“活”。“趣”是充分激发学生学习动机，寓作文于摄影活动中，学生视作文为乐事；“真”是鼓励学生表达真情实感，反对写假话、大话、官话和套话；“活”是注意发展学生的智力，使学生善于观察、想象和思考，思路敏捷，头脑灵活，养成“大语文”的意识。

②“摄影作文”的优势。

第一，便于培养学生的各种写作能力。在摄影作文中，把摄影艺术中的“发现视觉美点”、“突出视觉感受”、“取景”和“选择角度”等有关理论与知识，适当地引入写作教学中，学生在掌握摄影知识的同时，从不同的艺术门类中进行分析、对比，并加以借鉴、吸收。自然而然地加深了对文学作品选材、剪裁、构思、立意的内涵的理解。写作技巧也自然而然地得到提高。

第二，便于激发学生的学习兴趣。在摄影作文中，体裁形式多种多样，有记叙文、议论文、说明文，还有童话、传记、诗歌，或不一定能界定体裁的文章。中学生在完成作文时，驱除了“奉命作文”的阴影，摆脱了“应试”的压力，学习观升华了，为“考”而学的“你授我受”变为自我训练、自我完善的自觉行为。碰到问题，他们会主动请教老师，写了文稿乐于反复修改。当他们真正地领悟到作文可以用来反映社会生活时，就无异于找到一把终生受用的知识宝库的金钥匙。

第三，便于学生参加社会实践。摄影作文的素材来源于社会生活，又服务于社会。为了拍摄新颖的题材，学生们假日奔波在生活的原野上。到工地去，到农村去，走海岛，逛集市，有的还跑遍整个珠海。日晒雨淋，饥渴劳累，对每个人都是一场磨炼和考验。有时为了捕捉一个镜头，需要焦灼的等待和多次的反复；为了调查采访，需要马不停蹄地追踪寻觅。他们深切地体味到，没有对真、善、美的追求，就拍不出真实反映生活的好照片，写不出具有真情实感的好文章。

温馨提示：

中学生在作文中应掌握“过电影法”，这样能把事情具体化，避免写出干巴巴的“八股文”；“摄影作文法”能使中学生提高对真、善、美的追求。

◆ 第八章 ◆

善于与老师同学交流讨论的沟通能力

中学学习中的讨论，是一种非常重要的交互式沟通，也是师生之间、同学之间增进了解、促进教学、密切情感的必要的交流方式。无论是课堂上师生之间的讨论，还是课余时间同学之间的讨论，一个重要的前提，是参与讨论的各方要建立在相互平等、相互尊重的基础上。一些中学生由于各种原因，不愿或很少参与交流讨论，这对学习的进步是不利的。中学生要培养自己积极与老师和同学交流讨论的好习惯，目的就是要引发学习上思维的活跃和积极的思考，消化学习上的疑难和困惑。

所以，中学生应当从克服自我的顾虑和畏难情绪入手，积极踊跃地参与学习讨论。同时在交流讨论时要掌握讨论的正确方法。

一、与老师进行有效沟通是学习成功的重要途径

中学生如果能与老师保持着良好的沟通，不但能理解老师的艰辛与良苦用心，还会得到学习的快乐与成绩的不断提高。面对理解与尊重自己的学生，老师也会感到自己是世界上最幸福的人。

◆ 以勤学好问赢得老师的青睐

好问不仅是一种沟通方式，而且还是一种积极的学习态度。中学生不懂就问，既是对老师的一种尊敬，也是提高自己学习能力的有效途径。每个老师都欣赏勤学好问的学生。也许现在我们的学习成绩还不是最好的，但每个中学生都可以努力使自己做得更好，通过询问、讨论、交流的方式在学习上不断进步，这会让老师感到欣喜。

中学生有什么问题，心里有什么想法，也要主动找老师请教，主动找老师谈心，让老师了解自己。和谐的师生关系，是中学学习最有利、最有效的保障条件。中学生要不懂就问，与老师进行良好的沟通，这样才能建立起融洽和谐的师生关系。

中学生，大多是进入青春期的少年。这一时期的心理表现，往往是自尊心特别强，很在乎他人的评价。这有积极的一面，能帮助中学生认识自己，积极上进。但过分自尊，太在乎他人的看法，往往对学习和成长都十分不利。

某校初二年级有个同学叫徐明。他有个怪毛病，课堂外活跃得像条龙，但见到老师就成了哑巴虫，遇到难题也不敢问，因此，学习成绩老是在中游徘徊。他说："问老师难为情，如果问的问题太简单，也怕人家笑话。"

有这种心理的中学生确实不少，这种心态和表现，会极大地阻碍师生之间的有效沟通。

中学生，要在学习中不断取得进步，有不懂之处，尽可以向老师提问，这种及时请教的方式在学习中很有用，既能解决疑惑，提高学业，又能与老师沟通感情。所以，学生不懂问老师是天经地义的，好问是一种诚实好学的美德，别怕他人笑话，学习进步是第一位的。

中学生怕问老师还可能有别的原因，如与老师的关系不好，这就需要改善师生关系。一般情况下，主动问老师问题是改善师生关系的有效途径。有的中学生常常挨老师的批评，就不敢问老师了，这就需要他们鼓起勇气，尤其是第一次问老师时。还有的中学生可能只害怕问异性老师，这是青春期对异性老师产生的不好意思的心理造成的。其实，对异性老师有些好感是完全正常的，不必感到羞耻，坦然处之就会变得自然。

课堂上有不懂的地方可以直接向老师提问，问题会解决得非常及时。在课堂上，注意力完全集中，大脑处于高度兴奋状态，遇有阻碍之处，非常渴望能够给予排除，经老师一点拨，就能迎刃而解。求知欲望十分强烈时，思维也会特别活跃。如果时隔多日再去提问，当然也可以得到解答，但因为时间的原因，有的地方会遗忘，怎么也不及当场解决那么有效。

也有部分中学生，在巨大的学习压力下有些自暴自弃，认为反正学不好，问也是多余的，混混过去算了。这种观念从根本上说是错误的，也是影响中学生自身进步和师生关系的有害心理。作为中学生，应当努力克服这种不良的认识观念。

不懂问老师是对的，但有一点要提醒各位中学生，提问恰当与否，直接关系着老师的回答效果。因此，提出问题的范围尽可能小些，不能把整册、整章的内容都提出来，如果那样的话，老师是没有时间也没有办法回答的。此外，问题还要提得具体清楚，学生与教师提问是不一样的，老师提问要给学生思考的余地，所以有时设计得曲折迂回；学生问老师，就应当直奔主题，譬如“这道题为什么要这样解，而不能那样解？”“这个字为什么只能用在此处而不能用在别处？”“这个英语习惯用语到底用在哪些场合？”越清楚地提问，老师的回答也一定会越明确。问得明白，回答自然就有针对性，老师也可以从学生的提问中，洞察他们的学习状况和真实水平，从而有的放矢地进行教学。

温馨提示：

向老师提问一定要直截了当，就事论事，想清楚了再提问，这样便于老师准确地解答。

◆ 不怕老师提问，坐在教室前排

每个中学生都曾有过这样的切身体会，上课时常常不愿坐在第一排，原因是怕老师提问，怕老师看得紧，怕在同学面前出丑。然而，很多优秀学生却从不计较坐在哪里，而更乐意坐在前排，以随时与老师交流。

“不怕坐在前排”，反映了一种积极向上的人生态度，也折射出一种坦然自信的勇气和争创佳绩的精神，在学习上则是一种能促使进步的学习方法。

客观地说，一些性格内向的中学生不愿意坐在教室前排，有一定的心理原因。他们害怕老师会提问，因为他们就在老师身边。但中学生却忘了，坐在前排最大的好处是老师会记住自己。当学生主动参与课堂活动时，老师会加深对他们的印象。很多老师都承认坐在前排的孩子容易得到更多的注意，并不是老师偏心，只是因为前排的学生离自己很近。

所以，每个中学生要懂得坐在前排而不是躲开老师的视线。当自己坐在前面时，更可能学到老师讲到的知识。那里会有更少使自己分心的东西，可以看到板书，可以听到老师的话，感觉良好，注意力集中。中学生坐在前排能使自己有更多的机会回答老师提出的问题。主动回答问题能使自己的思维保持活跃，如果回答正确，可向老师表明自己听懂了他所传授的知识。

20 世纪 30 年代，在英国一个名不见经传的小镇里，有一个叫玛格丽特的小姑娘，从小受到严格的家庭教育。父亲经常向她灌输这样的观点："无论做什么事情都要力争一流，永远走在别人前头，而不能落后于人，即使坐公共汽车，你也要永远坐在前排。"父亲从来不允许她说"我不能"或者"太难了"之类的话。

在素有保守传统的英国，对于年幼的女孩子来说，这个要求可能太高了，但她所受到的教育在以后的年代里被证明是非常宝贵的。正是因为从小就受到父亲的"残酷教育"，才培养了玛格丽特积极向上的决心和信心。在以后的学习、生活和工作中，她时时牢记父亲的教导，总是抱着一往无前的精神和必胜的信念，尽自己最大努力克服一切困难。做好每一件事情，事事必争一流，以自己的行动实践着"永远坐在前排"的誓言。

玛格丽特上大学时，学校要求每个学生要用 5 年时间来学习拉丁文课程。她凭着自己顽强的毅力和拼搏精神，不断地向老师请教，经常与同学交流，结果她硬是在 1 年内全部学完了。令人难以置信的是，她的考试成绩竟然名列前茅。玛格丽特不仅在学业上出类拔萃，在体育、音乐、演讲及学校的其他活动方面也都一直走在前列，是学生中的佼佼者。当年她所在学校的校长评价她时说："她无疑是建校以来最优秀的学生，她总是雄心勃勃，每件事情都做得很出色。”

正因为如此，40 多年后，英国乃至整个欧洲政坛上才出现了一颗耀眼的明星，她就是连续 4 届当选为英国保守党领袖，并于 1979 年成为英国第一位女首相，雄踞政坛长达 11 年之久，被世界政坛誉为“铁娘子”的玛格丽特·撒切尔夫人。

这里要说明的是：课堂上前排的位置毕竟有限，不可能人人都能坐在前排的位置上。“坐在前排”只表明了一种认真求学的态度，即使不坐在前排，有了这种态度，坐在哪里都同样可以学习出色。许多中学生之所以怕坐到前排，就是因为他们缺少一种勇气和态度，这对自己的学习无疑是不利的。

温馨提示：

一位哲人说过：“无论做什么事情，你的态度决定你的高度。”撒切尔夫人的故事让中学生明白这样一个道理：从不怕坐在前排，成人后才可能成为人生的先行者与事业的领头羊。

◆ 在请教中让老师更了解自己

师生之间是一个教学相长的互动过程。双方缺乏交流与沟通，既不利于完成教师的教学任务，更不利于学生的学习进步。善于交流，是师生互相促进、互相配合的桥梁，也是中学生应当掌握的学习能力。作为中学生，多向老师请教问题，最直接的益处是让老师更多地了解自己。

在这方面，某校初中学生高洁就做得很好：

高洁刚升入初中的时候，成绩很差。她看到老师非常喜欢那些学习好的学生，于是暗暗发誓，一定要学好各门功课。可是她的基础实在太差了，自学很吃力。

于是，高洁将不会的题分成难易两类，先请教同学，同学不会的就拿去问老师。最初的时候，高洁的成绩虽然没有明显提高，但她发现老师对她的态度却明显好转。有时，还没等她去问老师，老师在自习的时候就会问她还有没有问题。最让她欣喜的是通过与老师的交流沟通，老师很好地了解到她学习上的不足和难点，及时给她提出了改进与补强的具体建议。

当问题解答完的时候，老师还经常询问一下她生活方面有没有困难，这让高洁十分感动。更让高洁兴奋的是，老师还常常鼓励其他学生向高洁学习，说："不怕你有问题，就怕你不问，像高洁这样勤学好问，总有一天成绩会提高上去。"也就是从问问题开始，高洁同老师的关系密切起来，成绩也逐渐上升。

可见，多向老师提问，自然就增强了师生间的良好关系。在问完老师一些有关学习的问题后，同学们还可以把握机会，与老师开始更广泛的交流。比如在老师空闲的时候，商讨完问题，还可以闲谈一会儿，从学习到生活，从学校到社会，从天上到地下，海阔天空，无所不可，师生间的了解会逐渐增多。

有一点需要注意，中学生在请教老师时，不要故意找一些十分深奥的问题来为难老师。否则对与老师之间的关系是个伤害，这样做是非常不可取的。

温馨提示：

中学生与老师交流提问中，注意气氛要轻松，时间不宜过长，交流后要及时离开办公室，免得影响老师的工作。

◆ 积极参与，做课堂学习的主人

不少中学生可能都有这样的体会，某一个问题在课堂上曾被老师提问过，即使当时答错，但往往在很长时间内对这一问题的解答仍有清晰的印象。这是因为参与讨论时的思维活动比平常状态下要活跃得多，它调动了人体感知事物的多种分析器及效应器的协调工作，因此在头脑中形成的刺激更强烈。

如果中学生每节课都以学习主人的积极的思维状态投身于课堂，听课效率怎能不明显提高呢？

做课堂学习的主人，就是要主动、积极地参与课堂内的全部学习活动，不当旁观者。中学生的这种行为不但能活跃课堂气氛，而且最能促进学习进步。

如果一堂课是一场戏，那么课堂内的每一个学生都应该是这场戏中的一个角色，并且人人都应争唱主角。这里所说的参与，主要是指参与课堂的各种思维活动；这里所说的争唱主角，主要是指大胆发言和参加课堂讨论。下面这些方法有利于中学生提升学习能力。

（1）带着问题听课

带着问题听课，要求中学生上课前要认真预习，阅读教材，把不懂的问题记下来。这样，上课时老师讲些什么，哪些自己已知道，哪些需要弄明白，可以做到心中有数。上课时，听讲就有了针对性，已经明白的问题听了等于复习一次，到自己不明白的问题，就听得格外仔细、认真。如果老师对这处难点讲得不细、不透彻，中学生还可以在课堂上及时提问。自己不会的东西，也常常是大多数同学不会的东西，既代表了同学们的心声，又帮助老师了解学生情况，抓住教学中的重点和难点。

（2）自觉参与讨论

中学生在学习中对于个人自学不能解决的问题，可以分组讨论，前后左右 4 个人为一个讨论组。讨论有利于中学生在平等的气氛中加深理解，克服难点，共同探寻正确的答案。

由于讨论在同学中进行，不像面对老师，大家会等着老师拿出现成的答案。同班同学完全平等，大家不会有顾虑。在平等的气氛中畅所欲言，每个人潜在的聪明才智才容易释放出来。

课堂讨论能促使中学生积极思考，加深对所学知识的理解。即使意见不对，也能及时发现自己的弱点，及时克服。讨论时自己听取各种意见，容易受到启发而产生新的创意。讨论还能锻炼一个人的口头表达能力，提高中学生的辩论能力。所以，每个中学生都应当自觉参与讨论，不要错过这一有利于学习的机会。

（3）多举手发言

在听课过程中，中学生应积极大胆地举手发言。即使回答错了也没关系，自己存在的问题可以暴露出来便于纠正。有的中学生害怕发言与提问，当老师提问时，心跳得咚咚响，眼睛不敢正视老师，唯恐老师提问到自己。这种害怕提问、视老师提问为痛苦与麻烦的中学生永远学不到更多的知识。

温馨提示：

中学生在课堂上提问时，要根据实际授课情况，不要频繁举手提问，这会打乱课堂秩序。

◆ 让自己的思维与老师的节奏合拍

课堂时间非常宝贵，中学生应当在听课时专注投入，紧跟老师的思维，这样才能深刻领会老师所讲授的内容。在必要时，还应把要点和自己的感受记录下来，这样才能有效地发展能力。

要想使自己的思维紧跟着老师转，中学生需要做到以下四个方面：

（1）尽快进入学习状态

上课铃声一响，当自己坐进教室时，就应迅速进入学习的积极状态。利用从预备铃声到正式上课两分钟的时间，每个中学生应迅速回忆与本节课衔接的老师已讲过的上节课内容，也可以回忆预习课文的思路和没有解决的问题。由于一上课就回忆和思考需要迫切解决的问题，自然会很快进入角色。有经验的教师为了调动学生的注意力，尽快切入课题，往往上课一开始便会启发性地提出问题，引导学生思考。这时中学生就应顺着老师的思路，把自己带入课堂。许多会学习的中学生很注意听课的开头和结尾，其中，注意开头就是使自己尽快进入学习状态的有效方法。

（2）听课时请别“开小差”

专注是学习和思维活动中的一项优良品质，人只有在专注时才能进入最佳学习状态，思维才能高度活跃、敏捷，有时甚至会产生灵感。因此，中学生在课堂上应排除一切干扰，克服一切不良习惯，全神贯注地听好每一节课。

有的中学生以为上课时只要人进了教室，并且还做了课堂笔记，那就是参与课堂学习了。这实际上只是在外表形式上参与了课堂学习。少数中学生在课堂上神情飘忽，东张西望，人虽端坐，却呆若木鸡，面部毫无表情。这样的课堂学习，效率自然很低。

心理学知识告诉我们：人在注意某一事物时，大脑皮层的相应区域就会产生一个优势兴奋中心，这个优势兴奋中心是大脑皮层对刺激物进行分析和综合的核心，因而能对注意到的事物产生清晰和完整的反映。同时由于兴奋与抑制的相互作用，大脑皮层其他区域所受的刺激在一定程度上受到抑制，因而会忽视同时存在的其他事物。如果大脑皮层同时有几个兴奋中心，就会出现注意力分散的现象，即通常所说的分心和走神。

（3）掌握课堂注意力的调换节奏

人的注意力不可能长时间地保持固定的状态，而是经常间歇地加强或减弱，这就是指注意力的稳定性。中学生的持续注意力一般在20分钟左右，随着年龄的增大，注意力的保持时间也在延长。根据注意力的这一特点，有经验的教师常常在一堂课内以几种不同的形式组织教学，如讲授15分钟新课后，安排一定时间的讨论或进行随堂训练，或穿插一些演示实验操作，或在短暂的时间内以诙谐的语言调节一下课堂气氛，以避免出现听课疲劳状况，维持注意力的稳定性。中学生也应掌握这一规律，主动跟上教师课堂上对注意力调换的节奏。

有的中学生不重视注意力的调换，往往一堂课下来觉得很累，也有的中学生注意力调换以后，不能随着教师的节奏重新回到原来的学习中来，如教师已经停止实验操作开始讲授新课，而这些中学生的注意力仍停留在已做完的实验上，或是仍停留在教师安排的某些有趣的课堂插曲上，即不能根据新的学习要求，主动地将注意从一个对象转移到另一个对象上。同注意力的稳定性一样，注意力的转移也是注意力的一项重要品质。因此，中学生在平时的学习实践中应有意训练自己的注意力，以培养良好的注意品质。

（4）存疑就问，听和讲同步

每堂课的教学内容、进度，教师是根据教学大纲的要求，课前就已经拟定的。中学生听课的过程中产生疑问，若不能当即提问解答，可以先放下，继续听讲后面的问题。切忌死死纠缠着某一问题一个劲地往下想，结果中断了听课的连续性，造成一步掉队步步跟不上。中学生应使自己的听与教师的讲课同步。至于遗留的问题，可以在其后适当的时候课内提出，或在课后与老师、同学讨论求得解答，有的时候前面遗留的问题会在后面的听课中自动解决。实践证明，听课时存疑，带着某些问题听课，会使后面的听课更专注，思维更深入和活跃，且往往能提出一些较为深刻的问题。

温馨提示：

中学生要达到高效听课的目的，必须尽快进入学习状态，紧跟老师的讲课思路，抓住重点，并注意多和老师进行有效的交流。

二、培养与同学交流讨论的能力

古人云：三人行，必有我师。每个中学生在学习上都各有所长。经常与同学进行交流讨论，可以互相交换人生体会，取长补短。作为中学生，培养自己这方面的能力，既能促进学习上的提高，又可以训练自己与他人交往的技能。

◆ 不耻下问：多向同学请教

同学是中学生学习上的最佳帮手。当中学生在遇到学习上的问题时，应当多向同班同学请教。因为，同班同学读的是同一种课本，听的是同一堂课，又受教于同一位教师，而且大家在学习中思考的也常是同一个问题，共同的话语更容易使大家心有灵犀一点通。

许多中学生在学习上，喜欢自己闷头钻研，不向他人请教。其实这在学习实践中，被证明是一种不明智的学习态度和方式。多向同学请教，对学习有莫大的帮助。

首先，学生之间的相互请教不会有隔阂。彼此之间有着非常熟悉的共同语言，也面临着同样的困惑，避开成人的监听，讨论问题也更加畅快淋漓。有许多不登大雅之堂的小窍门，出自教师之口有违师道尊严，在学生之间却流传得十分畅通，不规范但管用。

其次，同学之间如果有争论，效果会更好，这些争论的知识极有可能成为学生永远的记忆。

学生之间如果争论不出结果，大家都对讨论的问题束手无策时，再去向老师求教，这时老师的点拨就相当有效了。

由此可见，向老师和同学请教都是极有益处的，中学生一旦养成请教的习惯，就会逐渐在请教中使自己的学习成绩不断提高。

温馨提示：

不要碍于面子羞于问同学，其实每个中学生都是乐意帮助其他同学的。

◆ 互助学习法：取长补短

尺有所短，寸有所长。学习上互帮互助，可让中学生取长补短，学习进步。互助法是在学习中利用与同学之间的联系、互相学习的方法。它包括自助、助人和他助。

（1）自助

自我传播，自言自语，或者把自己置身在现场大声复述，或者由知识的“我”向本位的“我”复述、讲解、传授所学的知识，通过语言、行动等方式进行学习。知识的“我”要像老师那样尽职尽责去传授。如遇困难，可以中途随时停下来，去重温、去思考，掌握以后，再接着传授。这种方式也就是自言自语，不要担心自言自语会被人笑话，这也是心理能量释放的一种方法。

（2）助人

帮助别人，也是一种加深自己对知识理解的方法。助人可以加深自己对知识的理解、把握和记忆。将自己的成果与他人分享，既可赢得友情，又能巩固知识，同时在传授时，易于激起思想的火花，他人也能给自己以启发。

（3）他助

借助他人的知识帮助自己学习有三种途径：一是有困难，向他人请教；二是在复习考试时，常听听老师的提示；三是善于在和同学们的交流中，注意学习别人的长处，比如他们如何抓重点、如何解决难题、如何把握考试重点等。

互取学习法有这样几个小窍门：

一是平时学习，可以借用成绩好的同学的笔记、心得，以及带有记号的书面资料等，直接吸收他们学习的经验，节时、省力，难点上一点就破。

二是和同学互换学习方法、卡片、资料，通过比较，吸取他人长处，取长补短，也是一个比较理想的方法。

三是参加学习小组，听取同学们讨论的内容，如有疑问，及时提出并进行讨论，这样可以多发现问题，比自己单独学习更有张力和效果。这就是借助他人的智慧提高自己的学业，考试前大家共同复习，考试时的命中率就会相对较高。如果没有这样的学习小组，用电话互相联系也可以达到“借脑”的目的。

总之，一个学习优秀的中学生，会把握机会适时地求助他人或帮助他人。通常自己要学习的内容，已经有人学过、思考过或做过，因此，在确定目标，制订切合实际的计划之后，就可以请有关热心的人士帮助，以便获得有益的建议、辅导，得到一些有用的信息。

温馨提示：

有一位能够帮助自己的富有热情的指导者非常必要，这会使自己的学习较快获得进步；自己也应该在别人需要的时候，充当这样的角色，助人为乐。

◆ 用交谈法学习：相互启迪，相互提高

在日常学习生活中，与老师、同学、伙伴交谈，可以使中学生在不经意中获取知识，学会方法，掌握技能。

交谈法学习，可以从共同阅读的材料开始，也可以从自己在学习中遇到的疑难问题开始。在交谈中要虚心听取对方的意见，补充自己在记忆上、理解上的弱点；同时要抓住机会说出自己的感受和收获，做到相互交流信息，相互激励和启迪。

利用交谈法学习，不仅可以使中学生获得更加完善客观的知识，而且也有助于增强中学生对知识的记忆和运用，提高对学习的自信心。中学生把以下四种形式引入交谈学习之中，将会起到更好的效果。

（1）用倾听铺垫交谈情境

交谈的形式，可以是两人进行的对话，也可以是多人参加的集体交流。但无论哪一种，都要求中学生首先具备倾听能力。听，不仅是“谈”的基础，同时也是个人吸收知识的主要手段。这就要求中学生在倾听别人的谈话时要做到：

一要全神贯注。这样做不仅能使自己听得清、记得牢，而且能对讲话者起鼓励和激励作用，使对方的智慧火花充分放射出来。

二要注重倾听对方谈话的含义，而不过分挑剔枝节问题。如不挑剔别人的口才、口音和口气。要时刻想着“从他的谈话中，我能得到什么知识”，从中吸取一切能为己所用的东西。

三是不仅要听其言，还要观其色；不仅要听懂，还要听透。倾听者如果善于听言观色，便能把别人的表情动作和自己的思想感情相沟通，生动而深刻地接受和融汇别人所要表达的东西，使一切重要的内容在自己头脑里打下深深的烙印。

四是耳手并用，调整思维。据测，人的思维速度比一般说话要快三四倍，遇到说话缓慢的人，思维就会大大跑在耳朵的前面。

这就需要中学生随时调整自己的思维，包括思维的速度、广度和深度。可以耳手并用，边听、边看（指观色）、边写，记下别人讲话的精髓之处，写下自己感受最深的内容以及自己有创新思维的见解。

（2）用争论增强学习效果

争论为什么能增强学习效果呢？这是因为，在争论一些问题时，大脑处于兴奋状态，争论越是激烈，就越能促使双方回忆识记过的材料。这样，在争论中，双方都加深了印象，错误的得到纠正，正确的得到承认，记忆由此得到了巩固。教育家加里宁对争论曾有过精辟的论述。他说："当你们独自阅读时，你们只了解到一面。即使了解三面，还是没有了解到第四面。最后把四面全都了解了，可是哪知这东西不是平面，而是一个立方体，总共有六面。所以同别人一起讨论，能把思想磨炼深刻，能使思想丰富起来。"实际情况正是这样。交谈争论某个问题，就等于一边在提取记忆，一边在检查记忆的准确性，同时又在贮存新的知识。

再则，即使记得正确的知识，与人交谈争论也会延长贮存期。这是因为争辩强化了你头脑中对这一知识的记忆。

（3）用辩论达到迅速进步

著名科学家杨振宁说，美国的教师鼓励学生提问，鼓励向最了不起的权威提出怀疑。美国的学生在学习中热衷于吸收各学科的成就，热衷于辩论，从而获得迅速的进步。中国的学生在学习中往往是全盘接受，他们的老师就不喜欢学生的想法与自己有稍稍相悖之处，学生习惯于接受而不习惯于怀疑和考证，他们以拥有丰富的知识而自豪。因此，杨振宁主张，中国的学生应该学习美国学生那种敢于怀疑、敢于创新，以兼收并蓄为主的学习方式，应该勤于辩论，把辩论放在与学习同等的地位上去。

（4）用议论发展个人智力

用于读书学习的议论方法也称议读法。这种方法的主要价值首先在于它可以把自学发展为互学，扩大见识，加深理解，彼此提问，各抒己见，互相启发，能弥补独立阅读的不足；其次，可以发展评论和批判的能力，培养敢于思考、敢于争辩的性格。在议读时，要迅速明确议题的要点，迅速组织论据，具体论证，敏捷表达，这是发展智力的好方法。

交谈法如此重要，那么中学生就需要在平时的学习中创造各种机会，来铺垫交谈情境，以达到提高学习的目的。

温馨提示：

所谓交谈学习，就是学习者有意识地通过和周围的人（同伴、同学等）进行谈话，以此巩固已学知识并获取新知识。交谈学习法与讨论学习法也可综合运用，在交谈中讨论，在讨论中交谈。

◆ 讨论学习法：在讨论中促进思考

积极参与课堂讨论，是中学生活跃学习思维的有效方式，还能使自己体验到课堂学习的乐趣。因此，每个中学生都应积极地参与课堂讨论。

课堂上，常常会有一些同学在回答问题或参与讨论时当“收音机”，不做“扬声器”。其表现为态度冷漠，对提问与讨论无动于衷或答非所问，思维进程总是落后于别人。中学生要想在课堂上取得好的成绩，就要积极地参与课堂讨论。有经验的老师一般是不会把问题讲得非常明白透彻的，而是要中学生自己去探索，这样得出的结论才能够印象深刻。课堂讨论就是其中一种很有效果的办法，深受老师和同学们的喜爱。一位中学生提起课堂讨论就禁不住眉飞色舞地说：“积极参加课堂讨论使我真正自觉地融入到课堂中去，感觉自己真成了学习的主人，学习的效果特别好。”

讨论法学习，就是用集体讨论的方式进行学习的方法。学习实践证明，讨论学习是合作学习中最基本也是最有效的方法。

在学习上不能故步自封，闭关自守，应多与人讨论、交流。俗话说，理愈辩愈明。经过讨论及争论，即使很难很模糊的问题也能得到圆满的解决。

讨论法之所以有效，有以下几个原因：

首先，一个人的思路较窄，往往是因为能用一种方法解决问题，就不愿意再去想第二、第三种方案。几个人一起讨论，各自说出自己对问题的理解和解决问题的方案，可以集思广益，互相启发，使人一而再、再而三地重复考虑同一问题，从不同角度理解和解决同一问题，自然会使问题在大脑中留下较深刻的印象。

其次，讨论过程中，难免会有不同意见的争论或辩论。争论或辩论中，双方的大脑细胞都处于高度兴奋状态，一切能够为自己观点服务的知识都被调动起来。肯定性意见，能强化原有思维链条的作用；否定性意见，可以使原有思维链条受到振荡。这种争论或辩论中的积极思考，可以增强记忆。

最后，在讨论过程中，可以通过对比、竞争，激发学习积极性，展开无形竞赛，提高记忆的主动性。参与课堂讨论，站起来回答问题，对中学生是一个很好的锻炼机会。答对了，会得到老师、同学的肯定和鼓励，加深印象，有利于知识的巩固；答错了，经过老师的指点和同学的修正补充，有利于不断地进取。中学生大胆发表自己的见解，只要言之有理，相信老师和同学是会欢迎的。

中学生适用的讨论学习法，最常见的形式有以下几种：

（1）研究讨论法

研究讨论法的基本意思是指根据具体学习内容和学习目的，提出富有思考性的研究题目，先由学生个人独立思考、研究，然后互相研究，得出初步的认识、理解、判断和概括，再共同归纳、总结，得出正确答案，纠正错误，从而完成具体学习任务。

主要步骤如下：

• 第一步：提出问题。旨在创设主动探求的情境，活跃思维，使每个中学生都感到利用自己已有的知识已无法解决当前面临的矛盾。

• 第二步：独立思考。带着问题，开始寻求解决问题的途径和方案，其主要活动是有针对性地阅读教材和参考书，从已获得的知识出发，借助联想，找出新旧知识间的联系，并创造性地运用基础知识。

• 第三步：互相研究。互相研究的具体形式可以根据研究内容的具体情形来确定。展开研究的主要作用在于互相开导，以高带低，共同提高。

• 第四步：回答问题。在互相研究的基础上各自说出自己的研究结论，没有找到结论的可以提出自己的疑难所在。

• 第五步：总结提高。对探求的结论进行分析、综合和归纳，把个别的具体的结论变为系统化、条理化的知识。

中学生在研究讨论法时，需要注意以下几个方面：

• 确定的研究内容和要求要因学习目的不同而变化。学习新知识，要围绕深入理解新知识而确定研究的内容；以练习为主的学习，可以围绕一个或几个问题，从不同角度用多种方法处理问题而确定研究的内容；以复习为主的学习，则围绕系统整理学过的知识而确定研究内容。

• 确定的研究内容应与学科内容相符。每门学科要求研究的问题应当基本包括该学科所特有的各种类型的问题，并有利于中学生创造性的发挥。

（2）问题讨论法

问题讨论法是指围绕一定问题，通过共同讨论，获取知识，完成学习任务。

问题讨论法采取多向交流形式，即教师和学生、学生和学生在一起共同展开讨论的形式进行，它是一种从学生集体内部、学生和教师之间的相互关系出发提出的一种综合性学习方法。问题讨论法的特色在于：学习过程中教师与学生之间、学生与学生之间相互对话、相互呼应，广开信息交流的渠道，形成一种开放式的信息交流网络。

实施问题讨论法的要点是：

- 提出问题，要从教材和学习者的实际知识水平出发，要能诱发学生积极参与学习过程。
- 进行讨论交流时，要注意把握时机，把讨论引向深入。
- 交流讨论的重点要放在教材中的重点、难点以及自学中发现的问题上，不能纠缠于知识的细枝末节。

(3) 自学讨论法

自学讨论法的主要意思是：在个人自学的基础上以讨论的方式与他人交流学习心得或体会，彼此提出自学中所遇到的各种各样的问题，然后共同排疑解难，有针对性地进行探究。

自学讨论法的主要步骤是：

第一步：按自学提纲通读教材，了解教材的基本内容或概况。

第二步：提出讨论题，根据讨论题精读教材。

第三步：展开讨论。形式一般分为个别交流、小组交流和全体交流。

第四步：共同总结。

运用自学讨论法必须注意：

- 自学情况的交流讨论要有步骤地逐项进行。当学习内容比较简略时，可选用个别交流和小组交流的形式进行；当学习内容较为复杂、疑点较多时，可采用全体交流的形式。
- 要善于运用自学方法，确定自学的步骤，开展边读、边思、边议三结合的自学活动。在讨论交流的过程中，把读、思、议有机地糅合在一起，使交流更加富有成效。

家长要鼓励孩子用讨论法学习，如研究讨论法、问题讨论法、自学讨论法等，哪个最适合孩子，最能提高孩子的学习成绩，就应该选择哪个。

温馨提示：

在课堂讨论一定要有礼貌，禁用过激言辞，发言要清楚明白，有条有理，力求言之有据、声音洪亮，使人心悦口服。

◆ 小组学习法：互相影响，互相促进

中学生组成小组进行学习，一般有两种情况：一是用于业余学习的自学小组。这种小组大多是由中学生出于共同的兴趣、爱好等原因自觉自愿组织起来的，比较灵活、自由的学习组织形式，如业余书法、绘画学习小组等。在校学生的某些课外活动小组在性质上与此相近。这种小组学习的一般形式是定期集中，开展活动，通过相互切磋、启发、砥砺，达到互相解疑释惑、取长补短、集思广益、反馈信息的目的。在今天的信息时代，这是一种值得提倡的开放式学习形式。二是在校中学生用于课业学习的学习小组。这是由学校根据一定原则组织的，在班级内部划分的学习的基本单位。

进行小组学习，可以分三种形态。

一是交换问题型。首先对研究的范围做出规定，然后各自准备一段时间，在规定范围内各自拟出各种“问题”，小组集中时，彼此交换问题，解答问题。

二是提问型。小组成员一起做功课，遇到不懂的地方就彼此提问，互相提示。如果协调得好，彼此的兴致会相当高昂和热烈，学习效果也很好。

三是讲课型。请一位对某门学科特别擅长的同学做“老师”讲课，大家当“学生”听课。

小组学习的具体形式可以灵活多样，下面介绍两种在国外很流行的方法：

（1）辛迪加学习法

“辛迪加”是法语 syndicat 的音译，意为联合组织。运用辛迪加学习法，通常将一个班级分为五六个小组，称之为“辛迪加小组”，根据学习的要求，就某一特定问题或某一特殊练习的任务，由各小组联合进行调查研究，然后向全班提出报告。各小组呈交的报告可以是同一主题，也可以是不同的主题。

（2）小组活动法

小组活动法源于英国，是一种以学习小组的形式进行阅读讨论的学习方法。学习小组的人数一般为 2 ~ 8 人不等。它要求每个学习者都能够积极参与阅读活动，并保证个人阅读与集体讨论相结合。其具体活动方式有：

①小组讨论。围绕教材中的某篇课文，提出带启发性的讨论提纲，带着问题阅读、思考并展开讨论，然后全班交流。

②小组填充。按一定规则删去某一篇课文中的一些词（字），完成填充，然后讨论这些答案，最后拿出原文对照检查。

③小组预报。仅提供所要分析研究的文章的一部分，中学生通过阅读思考，推测出文章的另一部分内容。学生之间可以相互讨论、辩驳。最后将文章另一部分发给学生，再组织学生进行分析、讨论。

温馨提示：

小组学习法可以创造一个积极向上的集体学习氛围，在这种氛围中同学们可以互相影响，相互促进，从而提高学习效率。组成学习小组，最好根据同学们的常住地址就近选择，这会节省时间方便联系。

◆ 积极地在班会上发言

学校或班级一定经常举行各种班会，班会是学校或班级经常采用的一种促进相互交流、沟通情感、锻炼同学们口才的活动。通过各种班会的开展，不仅可以使中学生加深与同学之间的了解，增进同学之间的友谊，而且还可以提高中学生的学习能力特别是语言表达能力。

但是，有的中学生却在为即将在班会上发言而烦恼不已，因为他对自己很没信心，很怕自己在班会上表达不好，引起老师和同学们的嘲笑。其实完全没有必要为自己的表达能力不佳而烦恼，不妨换个角度，把这次班会当作自我锻炼的一个机会，不论你的发言是否成功，至少锻炼了你开口说话的勇气，也积累了经验。

如果你打算使自己的发言在班会上一鸣惊人的话，那么下面这五个问题需要注意。

（1）发言内容要新颖

一般说来，学校或班级组织的主题班会都具有时代性的特点，这就要求同学们的言辞要不断推陈出新。从听众的角度，新的言辞富有吸引力，能使人兴奋，而旧的话语则缺乏吸引力，容易使人感到沉闷。

比如在一次主题为“自尊、自爱、自强”的班会上，有位同学在发言时，由于找到了一个好的表达方法而使这个陈旧的主题给人“耳目一新”的感受。他是这样说的：“自命不凡的人常常会把‘我’字摆在第一位，从而高高在上、不思进取。有些民族也许早就看透了这一点，英文的‘我’字，就那么一竖——‘I’，既像大柱的纵剖面，也像大梁的横断面。擎天大柱也罢，工字大梁也罢，总之它都够简单、够直率、够稳重、够气派。俄罗斯人更是用心良苦，用了俄文字母表的最后一个字母‘Я’来表示‘我’，你看在33个字母中，‘我’算老几？可谓虚怀若谷，够自量吧？可为什么我们就不能责己从严、常思己过呢？不，朋友，天生我材必有用，自我完善不可少啊！将相本无种，男儿当自强！”

你看，短短的几句话，不仅清晰地表达了自己的意思，而且语言新颖、简练、精辟，说起来铿锵有力，这就是口才的魅力。

（2）发言主题要实际

主题班会常带有针对性，这就要求同学们在发言时要从实际出发，有的放矢，不要空话连篇。

一位成绩优异的同学在“向时间要质量，向勤奋要成绩”为主题的班会上发言，他是这样说的：“本学期以来，我像一个刚开始学走路的小孩儿一样，在老师和同学们的帮助下，艰难地迈出了步子，既品味到成功的欢乐，也尝到了失败的苦涩。如果说取得了一点成绩的话，那只不过是偶尔拾到了几只贝壳而已，但到达知识的海洋还有一段距离……以上是我在学习中的一点体会，尚不成熟，不能称其为经验，只能作为个人意见与大家交流，不对之处，还望各位批评指正。”中间则是一些放之四海而皆准的套话、空话，对于“时间”、“质量”、“勤奋”、“成绩”等关键字眼视而不见，甚至远远地绕开。

这样的发言，怎能引起同学们的共鸣呢？

（3）发言过程要精练

在班会上发言，切忌多而杂，应该少而精。因为这是个大家一起参与的活动，不能让你一个人的发言占用很多时间，而且只有少而精的发言才能使主题鲜明、切中要害、一语中的；多而杂则会不着边际、浮光掠影，缺乏说服力，不仅不利于你的口才培养，反而还容易养成你讲话啰唆的坏习惯。

（4）发言态度要诚恳

班会要求最大限度地调动每个同学的主观能动性，这就要求同学们在发言时要以诚相见，真正做到诚心诚意。心诚则灵，点石成金，只有这样才能引起别人的共鸣。如果你盛气凌人，甚至动辄训人，表面看起来，你拥有很棒的口才，但这势必会损伤对方的自尊心，同时也会使自己的发言效果大打折扣。

（5）发言时间要控制

在班会上，发言的人往往有好几个人，甚至几十人，这就要求同学们善言善道、成人之美，为他人的发言创造良好的条件。如果你一个人站在台上，长篇大论，发言的时间过长，就有可能使其他同学没有时间再发言了。所以发言时一定要有较强的时间观念，要学会提炼要点，长话短说。

短时间的发言也容易使人集中注意力，使人形成优势兴奋中心，这样发言效果就好，时间长了将会使人厌烦，甚至产生抵制情绪。

温馨提示：

班会发言，有两点很关键：一要做充分准备，去粗取精；二要掌握好发言时间，宜短勿长。

◆ 第九章 ◆

勇于突破学习障碍的心理调节能力

学习能力强往往与心理素质好密不可分。中学学习，是一个充满压力与挑战的艰苦过程。心理的负担与情绪的失控，最容易给中学生造成学习上的障碍。学习出色的中学生，往往是一个情绪的调整与心理自控能力超强的人，他们每天的学习生活都有所得，即使有了忧愁和烦恼也会很快烟消云散，因为他们总是将自己的情绪时刻保持在一种最佳状态。唯有成为自己情绪的主人，才有资格成为自己命运的主人。

情绪自控是很多优秀中学生的学习经验。要成为学习优秀的中学生，善于控制自己的情绪，善于调整自己的心理姿态是一项重要的能力修炼。

一、培养心理调节能力，突破学习障碍

心理因素对中学生的学习乃至人生成长，都有非常重要的影响。今天的中学生，由于种种原因，在学习过程中都可能会产生各种心理波动、情绪变化甚至精神障碍。正确的认识，科学的排除这些，有助于学习上的进步，这就是中学生应当掌握的一项重要的突破学习障碍能力——心理自我调节能力。

◆ 学习障碍心理的表现

很多中学生在学习的过程中，由于学习上的巨大压力，加上自己长期使用不正确的学习方法，形成了畏难情绪和各种消极的心理障碍。这不仅对个人成长不利，而且还严重影响着各科学习成绩的提高。只有及时消除学习中的各种心理障碍，中学生才能提高学习效率。

许多教育专家一致以为，学习成绩差的同学要提高学习效率，首先要消除在学习过程中产生的心理障碍。

那么，中学生在学习过程中会产生哪些消极的心理呢？

（1）依赖心理

学习中，一些中学生对老师存有依赖心理，缺乏学习的主动性和创造性。其表现一是期望老师对问题进行归纳、概括并分门别类地一一讲述，突出学习的重点、难点；二是期望老师提供详尽的解题示范，以便自己一步一步地模仿硬套。

（2）急躁心理

有些中学生急功近利、急于求成、盲目下笔，往往导致解题出错，这主要是由以下四种原因造成的。

一是未弄清题意，未认真读题、审题，也未弄清哪些是已知条件、哪些是未知条件，哪些是直接条件、哪些是间接条件，甚至要回答什么问题，也未搞清，就匆匆忙忙解题；

二是未进行条件选择，没有从贮存的记忆材料中去提取题设问题所需要的材料，并将之进行对比、筛选，就急于猜解题方案和盲目尝试解题；

三是被题设假象蒙蔽，未能采用多层次的抽象、概括、判断和准确的逻辑推理；

四是忽视对数学问题解题后的整体思考、回顾和反思，包括该数学问题解题方案是否正确，是否最佳，是否可找出另外的方案，该方案有什么独到之处，能否推广和迁移等。

（3）定式心理

中学生在长时期的学习过程中，在习惯性的学习程序中，往往会形成一个程序化、意向化、习惯性解题思维格式和惯性。

这种定式思维，一方面有利于中学生按照一定的程序思考问题，比较顺利地求得一般同类问题的最终答案。但另一方面，这种定式思维也会带来负面影响，容易使中学生的思维向固定模式发展，解题适应能力提高缓慢，分析问题和解决问题的能力得不到应有的提高等。

（4）偏重结论，忽视过程

这也是许多中学生学习过程中常见的问题。通常在同学之间的学习、解题过程中，相互交流往往停留在对答案、比分数上，很少有同学就解答问题过程进行深层次的讨论，也很少有同学对解题方法进行创造性的研究，至于思维的变式、问题的变式，更是难以涉及。

因此，中学生在学习中，对定义、公式、定理、法则的来龙去脉往往不清楚，对知识的理解不透彻，很少从本质上去认识问题，无法形成正确、准确的概念，难以深刻领会有关结论。这样做的直接后果是中学生的智慧得不到启迪，思维的方法和习惯得不到训练和养成，观察、分析、综合等能力得不到提高。

还有诸如自卑心理、自谅心理、迷惘心理、厌学心理、封闭心理等，都在不同程度上影响、制约、阻碍中学生学习的积极性和主动性，使中学生学习的效率降低，学习质量、学习能力得不到应有的提高。

温馨提示：

学习心理障碍往往与学习习惯有直接关联。培养好的学习习惯，有助于中学生减少学习心理障碍。

◆ 三大障碍对中学生学习的危害

心理障碍，是指由于主观与客观原因而导致的各种精神情绪和行为的异常。心理障碍不应当作疾病看待，但若长期得不到矫正，就会对人的工作、学习、生活产生不良影响。中学生在学习过程中，由于受生理发育、心理变化以及外界压力影响，也会产生一定的心理障碍，其中对学习成绩影响最大的主要有以下三种表现。

（1）强迫心理影响学习质量

强迫心理，是以反复出现强迫观念和强迫动作为基本特征的一类心理障碍。具有强迫心理的人很想摆脱这种心理，但却无能为力而非常苦恼。中学生一旦产生强迫心理，就会在上课时注意力不集中，影响学习成绩。有一名中学生原先学习成绩很好，但自从被父母勒令必须考入好大学后，不知道为什么，他上课时总是在想将来升大学的事，虽然知道这样想不对，但总是控制不住自己。这样下去怎么行呢？将来高考一定会出问题。

还有的中学生，每到考试时，就会出强迫心理，比如答一道历史题时总怕答得不全面，总想从各个方面去论述它，其实完全没有必要。强迫心理使中学生在考试时浪费时间，这样就会考得更差。所以，不该想的事情总在想，不该做的事情总在做，当然浪费人的精力与时间，影响学习质量，影响工作质量，影响考试成绩。所以，中学生要想学习成绩好，必须克服强迫心理。

（2）焦虑心理造成考试失常

焦虑以持续存在担忧、害怕、紧张或反复发作的惊恐不安为主要特征，并常伴有心慌、气短和胃肠道功能紊乱、肌肉紧张与运动性不安。

一个人经常处于焦虑状态，就会精神不集中，心神不安，这对学习成绩会产生不良的影响。考试时有轻微的焦虑，怕考不好，有点紧张，这也是难免的。但是，考试时高度焦虑就会影响考试成绩。有些人在考试时高度焦虑使考试成绩与实际水平相差较远。每年高考都有考生因为高度焦虑造成晕场。平时学习水平再高，平时掌握知识再牢靠，如果在考场上高度焦虑，就会造成注意力涣散、记忆力下降、思维迟钝、智力活动降低，从而影响考试成绩。

一名在高考时产生怯场的中学生说："高考时，我的精神高度紧张，就怕考不好，就怕考不上重点大学。这种心态使我不但没有充分发挥，而且发挥失常，我的几门课加一起至少丢25分。25分一丢，使我下了一个台阶。按照我平时的实力和一模、二模的成绩，我考上重点大学是没有问题的。可是由于我考试时高度紧张，发挥失常，丢了25分，我没有考上重点大学，上了普通大学，非常遗憾。"

（3）抑郁心理降低学习效率

抑郁的表现包括神经过敏、烦躁不安、呼吸窘迫、大脑容易疲劳、学习注意力不集中、记忆力下降，还可能出现心血管系统的症状、失眠和其他躯体不适。

抑郁的中学生对紧张压力异常敏感，他们心中虽然压抑但却不善于用语言及情感发泄来表达内心情绪。有强烈抑郁体验的中学生，对外界事物比一般同学更加敏感、多虑。他们常对自己缺乏自信心。平时他们克制自己的能力较强，做事认真、负责，但对学习上的失误、考试中的出错往往过于自责内疚，反应强烈，惶恐不安。有的中学生害怕考试成绩不好而不愿去上学；有的到了新的学校，担心与同学处不好关系；有的还因为自己的缺点，怕受到老师的批评而不敢去上学；等等。

一个中学生如果经常处于抑郁状态中，就会降低学习的积极性，就会降低学习时智力水平的发挥，就会降低学习效率和学习成绩。一般说来，抑郁的程度越大，对学习、对智力效应的影响越大。

温馨提示：

中学生克服学习中的心理障碍，宜早不宜迟。及早发现，及时消除，对学习的影响就会降至最低。

◆ 以积极的心态应对学习障碍

中学生一旦产生学习上的心理障碍，就常常被深深地折磨着，整日惶惶不安，脑海里往往有许多问题在盘旋，却不知如何解脱才好。此时，最佳的选择，就是以积极的心态去应对。

（1）对自己说：我不是完美无缺的

学习心理障碍，往往是一些中学生过于顾及脸面和名誉而造成的，总是希望自己学习成绩出色，超过所有同学，总是在寻求完美，生怕有所缺陷，一旦难以达到这个目标，就会焦虑不安。其实世界上没有一个人是完美无缺的，人人都有缺陷，都有不足。因此要敢于面对自己的缺陷，要正确认识自己、评估自己，要有勇气对自己说："我不是完美无缺的，我只想尽力而为。"这样自己的心情就会慢慢松弛下来，不会总是处于莫名其妙的紧张状态之中。

（2）对别人说：你对我的评价仅供参考

中学生产生心理障碍还有可能是因为过多地关注别人对自己的评价，比如父母的看法、老师的评价、同学的印象，于是总是害怕自己在学习上的出错会给别人留下不好的印象，得不到别人的赞扬。实际上一个人的情感、观点、说话、处世等，很难得到所有人的称赞，总会遇到反对意见。所以，中学生要有勇气对别人说："你们对我的评价仅供参考，我不能为了迎合你的意见而生存。"这样就不会为了顾及他人的需要而整日心神不定了。

（3）对挫折说：没关系，我可以排除你

中学生的学习中充满意想不到的挫折，挫折会构成中学生个人的心理压力，有些中学生的心理障碍就是由此而引起的。因此遇到挫折时，可以用宣泄的方法来释放由挫折造成的内心郁闷。如向好友一吐为快；或外出旅游，让湖光山色冲淡不良心绪；等等。总之，要尽快走出由挫折所造成的困境，不要让挫折变成心理上的压力。

温馨提示：

心理障碍谁都会产生，此时最重要的是要把心态放平，接受事实，中学生要学会各种有益的方法为自己减 压，从而让自己更轻松地面对学习和生活。

二、克服学习障碍的办法

中学生的学习能力往往来自方法的掌握和意志的培养。中学生在克服学习困难、突破学习障碍的过程中，意志与信心比方法与技巧更加重要。面对学习过程中各种意想不到的障碍阻力，只要有了信心和勇气就不会退去，有了毅力与恒心就会坚持到底，有了智慧与方法就一定能战胜困难和突破障碍。

◆ 树立信心，应对学习中的障碍

有很多中学生在学习中经常犯这样的毛病：稍微遇到一点麻烦，不是立刻去请教别人，就是去看答案，或者干脆扔到一边不做了。这些同学之所以这样，可能是因为对自己缺少信心，或是沉不住气、不耐烦的缘故。

一个中学生如果经常以这样的方式和心态去对待学习，若想取得进步就不是一件容易的事情。遇到了困难就退缩而不去解决，困难就会永远存在，成为你学习中的拦路虎，久而久之，就成了自己无法根除的顽症。

遇到问题迎上去，自己的问题自己解决。这个解决的过程正是提升自我学习能力，培养自信心与意志品质最重要的锻炼。

中学生要克服学习中的难题，可从以下几方面入手：

（1）掌握各知识点之间的联系

一般来说，任何一个问题都不是单一的，而是由不同的知识点组合、串联起来的。所以，要解决问题，首先应该找出问题中所存在的知识点，并知道它们之间有怎样的联系。一旦把这些弄清楚了，那么问题解决起来也就轻松多了。

一个问题具体要用什么方法来解决，取决于它涉及哪些基本知识，这需要平日里多练习整理和发现问题，并能够很快地找到彼此间的联系，在培养这一能力的过程中，日久天长就可以养成一眼就看出“应用路线”的判断力。

（2）反复研究，请教他人

遇到难以解决的问题自己先进行思考是必需的，但如果实在想不出办法，就不要在上面花费太多的时间了，可以把它暂时先放在一边，去做其他事情。如果总是钻在一个问题里走不出来，既浪费时间，又消耗精力，到最后把自己弄得疲惫不堪，心烦气躁，问题还是得不到解决。

把问题放在一边，过一段时间，回头再来研究它，说不定会有新的思路，很快就解答出来了。如果这种办法不奏效，试着再来一次，如果还不行的话，这时候可以去请教别人或是翻看一下后边的答案，然后总结自己无法解答的原因在哪里，以后力争改进。

（3）整理思路，找出薄弱环节

一个问题解决完以后，不要急着去解决另一个问题，应回过头来，从头至尾，把整个过程再仔仔细细地看一遍。整理一下自己的思路，把所有的条理都理顺，而且还要在自己花费时间比较多、思考起来比较吃力的地方做上记号，这样可以加深印象，日后再重新看这道题的时候，也可以一下子就看出自己的薄弱环节在哪里，这样对学习的帮助是非常大的。

做错的部分不要涂抹掉，把它做上特殊的标记，保留下来，然后在旁边写上正确的答案，彼此互相对照，可在以后复习的时候当个参考。

解题时的步骤最好是一步一步地整齐地写在笔记本上，养成这种习惯在考试的时候会有很大的益处，因为批卷老师对解题步骤的要求一般都很严格。

(4) 多想出几种解题方法

一道题，如果你能想得出两种或是两种以上的解法，那么就证明你的应用能力已经有了很大程度的提高。

有很多中学生在学习的时候，多是以做出答案为目的，这固然不错，但在条件允许的情况下，还要提高对自己的要求。那就是不能满足于一种解法，满足于只要把这道题做出来就可以了，而应养成尽量多想出几种解法的习惯。人脑是越用越活的，应用能力也是越练越灵活的，如果你能多动动脑筋，想出更多的办法，就会进入一个良性循环中。你想得越多，解法越多，你的脑子越灵活，应用能力就越强。

温馨提示：

任何方法的使用，如果缺少信心的支撑往往收效不大。所以，中学生要学会学习方法，先要有信心。

◆ 创造机会，体验成功的喜悦

厌学是中学生普遍存在的一种学习心理障碍。这些厌学的中学生，很多是由于自己一时无法克服学习中的难关，而无法体验闯关成功的喜悦，并与学习优秀的同学产生差距，因此大多都有自卑感，觉得自己不行。所以，要改变这一状态，克服学习障碍，中学生应当努力创造机会让自己成功一次，在体验成功的喜悦中抓住学习能力飞跃提升的契机和突破口。

实践表明，很多中学生并不是因为不喜欢学习而学习不好，而是因为学习不好才不喜欢学习的。

美国有专家曾经对两个中学生班级做过这样的实验，其中一个班的学生大家都说他们非常优秀，结果，这个班的大部分学生都顺利地考入大学。另一个班大家都认为他们是问题学生，结果很多毕业生后来都成了问题青年。追究原因，另一个班的学生在人们的批评中普遍产生了这样一种想法：我们能力太差，学习再努力也不如别人，肯定考不上好学校的。

也就是说，学生之所以学习落后，和他们的能力、性格没有太大关系，而是因为他们经常被大家认为不行，最后就自暴自弃了。从这个实例当中我们不难明白减少中学生的挫败感，让他们体会到成功的喜悦，对改善中学生的厌学情绪是非常重要的。因为只有学得好，才会喜欢学。

成功是培养中学生自信心的养料。不喜欢学习的中学生都有一种自卑感，觉得自己不行。所以，创造机会让自己成功一次，就找到了突破口，以后中学生自己的学习态度一定会有很大的改变。

有一种方法，就是把自己以前做过的、曾经拿到满分的题目重做一遍。上一个学期做过的习题，或者上一年学过的东西都可以。这样自己内心中就有机会体会到“我会做”、“我做对了”的快感。通过类似的成功体验，会让曾经厌学的中学生渐渐地恢复自信心。同时，把已经学过的东西里面还没有巩固的部分又重新加强了，扫清了今后前进的障碍。

有一位初中老师，在考试过后不是打了分数就结束了，而是把学生做错的问题反复考试，直到他们可以达到满分为止。无论学习成绩多么差的学生，他都耐心地引导，甚至让他们翻看教科书，要等学生都得了满分才让他们回家。对于这种做法，学生非但没有感到厌烦，而且回家的时候脸上都挂着轻松愉快的笑容。

人们非常钦佩这位老师，也非常理解为什么学生在学习时会神态轻松。老师的这种一定要让中学生打满分的做法，使每一个中学生都有机会品尝到成功的喜悦，都在无形中增强了对学习的自信心。

温馨提示：

提升自信，不要太在意一时得失，即使一两次成绩不满意，也不要灰心，总结经验教训继续努力就是了。

◆ 自我减压，改变对学习的头疼现象

学习是艰苦的，然而又是快乐的。中学生如何消除对学习的负面情绪，得到学习的快乐，自我减压当是其中的关键。

厌学的中学生大多对学习感到“头疼”，他们厌倦书本，害怕作业和考试。在他们的心里常常把学习当成一种折磨和痛苦。中学生要提高学习能力，就要学会自我减压，尽快改变这种对学习的痛苦印象，可从以下两方面入手。

（1）在考试成绩不理想时，学会自我鼓励和安慰

许多中学生考试成绩不理想，往往心里感到很难过，因为他们一怕老师批评，二怕同学看不起，三怕家长斥责。此时，他们心理压力很大，如果不能够自我鼓励和自我安慰，用正确的态度对待考试成绩的不理想，就可能会使本来就厌学的情况恶化为对学习的希望彻底破灭。即使原来不厌学的学生，当考试成绩不理想时也会感觉到压力，对此，科学的做法应该是自我进行心理调适，鼓励自己建立起信心，重新投入刻苦学习中；安慰自己，缓解心中的难过和压力。但是，在自我进行鼓励和安慰时，还应当认真分析考试失利的原因，然后通过总结经验教训，使自己理智地认识到应该怎样去弥补自己的不足。

（2）通过“心理换算”的方法进行自我减压

中学生即使不讨厌学习，当考试临近的时候，可能也会感到巨

大的心理压力。特别是在还差三天就考试了，而自己还没有好好复习的情况下，中学生的心理状态会非常不稳定，从而更加不容易做到静下心来安心学习。

这时，可以通过“心理换算”的方法来为自己减压。比如：面对非常繁重的学习任务，三天的复习时间实在太短。但如果在心里把三天变为七十二小时，这样想的话，心理负担就减轻多了。

也就是说，在表达同样的内容时，稍微改变一下数量单位，中学生心理的压力就会适当得到缓解。中学生一般在纠正厌学心理时，采用“心理换算”法，往往会收到意想不到的效果。

温馨提示：

自我减压不是自我麻醉。中学生在放松心理压力的同时，还是要对学习重视起来，抓紧时间认真学习。

◆ 对症下药，摆脱学习中的“高原现象”

学习过程中，有些中学生常常会有这样一种感觉，自己经过一段时间的努力，取得了较大的进展后，学习进步速度开始变得缓慢，甚至停滞不前，学习效率也开始降低，就好像费了好大劲爬上了一个很高的坡度以后，发现自己离顶峰还十分遥远一样。这种现象被称为“学习高原现象”。

出现这种现象并不奇怪。因为学习开始时的内容一般都比较简单，学习起来自然很快，而且在开始阶段学生对学习的内容感到新鲜，由于好奇，学习的劲头很大，自然感到进展神速。学到后来，内容变难了，新鲜感也就没有了，于是便感到有些吃力。一般来说，学习新课程的第三个星期之后，很多人就可能出现这种学习上的停滞不前。这种感觉，短的只有几天时间，长的有可能是几周、几个月，甚至一年以上。这种“学习高原现象”危害极大，有必要及时加以克服。

如果中学生出现“学习高原现象”，莫灰心、莫丧气，把它踩在脚下，抖擞精神继续前进。

为了让缓慢的学习进展快起来，中学生可以采取以下四种方法。

(1) 放下书本，充分休息

如果是因为疲劳和厌倦而出现了学习上的停滞不前，就应该果断地放下书本，休息一会儿，可以参加一些文体活动，如唱歌、野营、踢足球等，或者放一段喜欢的音乐，也可以看一看连环画或少儿杂志，直到疲劳和厌倦消失为止。

(2) 复习巩固，温故知新

如果是因为基础知识不扎实而使学习新的内容感到困难，可以找出自己不懂的问题，带着问题回过头来看一看过去学过的内容，有哪些是与当前的学习有关的，重新学习一遍，直到把过去的学习内容全部弄懂为止。这时再进行新内容的学习，就不会有困难了。

(3) 找到原因，改变方法

如果过去使用的学习方法不能适应学习新内容的需要，就应该在学习方法上动动脑筋，看看学习的新内容有哪些特点，自己的学习方法有哪些地方不适应这种特点，找到了就马上改正，试着用新的方法来学习。经过一段时间的摸索以后，你自然就能克服学习中的困难了。

(4) 摆正位置，找准方向

我国当代著名诗人艾青年轻时在杭州的一个艺术学院学习美术，没有取得什么成效，而他却日渐显示出文学创作的才能。当他的诗作发表后，他就重新选择了学习的目标，从此开始从事诗歌创作，最终成为著名的诗人。

常常见到许多中学生没有音乐天赋，父母却要求其苦练钢琴，结果不但没有什么收获，而且还浪费了时间。所以，中学生如果发现自己各方面的能力不适合学习内容的要求，就不应该强求。

温馨提示：

学习的过程从来不会一帆风顺，暂时受挫是正常的，中学生绝不能放弃努力，如果掌握正确的方法，一定会有所收获的。

◆ 脚踏实地，克服学习中的浮躁情绪

现在的中学生有一种普遍心理倾向，就是越来越浮躁。一方面，随着学习压力的增大，他们对自己的学习非常焦急，老是觉得自己以前的知识没有学好，担心剩下的时间全用来复习都不够用。另一方面，他们还对前途担心，对父母说教反感，心情就会变得很浮躁。这些中学生总是在自己吓唬自己，把大量时间都浪费在对学习的担心和焦虑中。如果不能对这种心理及时进行自我调节的话，就很有可能影响学习和考试成绩，严重的还可能发展成心理疾病，所以，中学生有必要对自己进行适当的心理调节。

仔细想想，浮躁除了增加自己的心理负担，起不到丝毫的作用。这些同学可以进行一些积极的自我心理暗示和自我鼓励，比如在学习的地方写一些小纸条，如："踏踏实实复习，不急躁"，"请把注意力从担心转到学习上"，"不和别人比，只做自己该做的"，等等。这些小纸条会帮助你稳定情绪，找回信心。

那么，中学生如何才能克服浮躁心理，走进良好的学习状态呢？

（1）学习要有耐心和恒心，要养成不断积累的好习惯

"不积跬步，无以至千里；不积小流，无以成江海"。学习最忌的就是急功近利，中学生要从一点一滴学起，循序渐进，日积月累，不要因为学不会更多，或是学习没有明显的进步而浮躁不安。要知道，有付出，必有收获，成功就是每天进步一点点，每天哪怕学会

一个词，解对一道题，就应该让自己快乐起来。

（2）制订总体的学习计划和阶段性学习计划

制订学习计划对自己起着稳定心理的作用。越是处于无序状态，人就越容易四处出击，什么都想做，结果哪一个也没做好，这样反过来会使自己更加慌乱、焦急，形成恶性循环。如果制订了合理的学习计划，就会在学习上有条不紊，知道自己已经完成了什么，还有哪些内容没有完成，对于已经完成的学习任务还会有成就感，同时也会增强对学习的信心。

（3）合理作息，适当地放松身心

例如，可以听一首优美、动听的乐曲，让自己进入轻松的学习状态中。音乐是世界上最美好的事物之一。从中学生的心理特征来讲，学生在听乐曲时，随着旋律的起伏变化，在感到松弛、愉快、满足的同时，会产生兴奋情绪。因此，在中学语文教学实践中将音乐引进语文课堂中去，能引领学生走进轻松的学习状态，大大地提高学生学习语文的兴趣。

浮躁是一种极坏的心理特征，很多时候，阻碍学生进步的正是浮躁心理。所以，每个中学生都要坚决克服学习上的浮躁情绪，一步一个脚印地去学习，使自己成为一个有真才实学的人。

温馨提示：

如果能合理高效地利用考试前剩下的时间，充分复习是完全可以做得到的。保持心情平静，克制浮躁的方法，一是专注，二是放松。中学生不妨试着尝试一下。

◆ 放松心情，调整好学习中的不良情绪

学习中的过度焦虑、忧郁、强迫、紧张等不良情绪对中学生学

习极为不利。这种不良情绪会使不少中学生常常表现为心神不安、自卑自责、头疼头晕、惶恐急躁等，而且注意力难以集中，干扰记忆过程，影响思维活动。这样的不良情绪必然会导致中学生学习成绩下降甚至产生厌学心理，同时对身心健康产生很大的危害。

不良情绪不仅是学习道路上的拦路虎，而且可以说是人生道路上的一种慢性自杀。有的中学生可能曾呼喊过："我太紧张了，简直透不过气来！""我简直要烦死了！""我心里特沉闷，我想摔东西！"这些都是学习上不良情绪的具体表现。

一般来说，学习上的不良情绪产生的原因可能有以下几种情况：

- 不能接受或不愿接受一些不能改变的情况，如这一次考试的成绩很低或自己在班里的名次落后等；
- 正追求着一个目标，可又害怕这个目标不能实现，如想在明天的演讲比赛中争取第一，但高手云集，对自己的威胁很大；
- 盼望着一件快乐的事情到来，但又怕会发生另一件破坏这快乐的事，如参加全国作文竞赛初赛，选拔复赛选手，凭自己的实力估计可能被选中，但又怕老师在阅卷时标准掌握不准而把自己漏掉。

由此可见，不良情绪的产生固然有中学生自身的生理和心理因素，但家庭、学校、社会的教育与影响也不可忽视。弄清了原因，中学生就应当采取积极行动，通过自我调整，把不良情绪从心中撵走。其主要方法有：

(1) 让自己忙碌起来

萧伯纳说过："悲哀的秘诀，在于有余暇来烦恼你的快乐。"中学生要把学习生活安排得尽量充实严谨，目标一经确定，便一头扎进去，享受紧张，体验充实，欣喜于收获，唯独不给坏情绪留出时间。也就是说，尽量让自己忙碌起来，不良情绪也就无可乘之机了。

(2) 保证能适当休息

有时候，不良情绪是由疲劳过度引起的。那么，适当安排休息就是一个消除不良情绪的妙方。中学生在一次紧张的学习开始之前，最好找个角落，适当休息一下，如能小睡一二十分钟，则效果更佳。中学生不必顾忌环境，在教室里趴在桌子上，休息一下也可。

（3）利用其他活动学会放松

体育锻炼、欣赏音乐、沐浴都可以令紧张的情绪得以放松。使肌肉放松的方法有很多种，中学生可根据不同环境、不同情况，采取不同的方法。

（4）不要为小事垂头丧气

每个中学生都生活在不同的家庭，有着不同的天分和经历，不可能发展得完全一样。因此，中学生自己一定要知道，寸有所长，尺有所短，不要做什么事情都去跟别人比较，有的时候虽然未能达到既定目标，但与自己的以往相比，已经迈进了一大步或一小步，这足以说明自己正在进步。如果老是与别人比较，往往会灰心丧气，从而陷入悲观的厌学泥潭。因为在自己进步的同时，别人也在进步，所以无论怎样努力，都可能与别人还存在一定差距，但对自己的每一次进步都应该意识到自己已经取得成功，这样积小成为大成，不一定非要胜过某人。

（5）适应不可避免的事实

“坚韧不拔地正视各种障碍”是适应不可避免的事实的前提。

贝多芬是位天才音乐家，可是他的耳朵聋了；弥尔顿是位诗人，却瞎了眼睛；柴可夫斯基创作出不朽的乐曲，可他那悲剧性的婚姻几乎把他逼上绝路……人的一生中很难预料会发生什么样的不幸，中学生在学习中也会遇到诸多的不如意。这就需要中学生首先能分析出可能发生的最坏的情形；其次要想办法改善。心理学家阿佛瑞德·安德尔曾指出，人类最奇妙的特性之一就是“把负变成正的力量”。这就像“两个人从监狱的铁栏里向外望，一个看见烂泥，另外一个看见星星”。我们应该看到满天闪烁的星星，然后信心十足地去寻找光明，获取成功。

温馨提示：

坏情绪往往善于钻心理上的空子。多往积极的方面想，多让自己心情放松下来，不良情绪就会无空可钻。

◆ 第十章 ◆

善于考场抓分的考试能力

考试，是测评教学成果和检验学习成绩的必要手段。检验中学生听课是否精力集中、作业是否自觉完成、复习是否系统到位，最终都需要通过考试来测评。无论哪一门功课，考试都是衡量中学生学习效果优劣的一把最直观的标尺。中学生如果没有良好的考试能力，就会让平时的刻苦努力得不到理想的回报。面对考试，很多中学生都会不自觉地产生紧张甚至害怕的心理，造成临场发挥大失水准，成绩不尽如人意。其实参加任何考试，取得优秀成绩的秘诀是：既要保持一颗平常心，又要善于考场抓分。

一、充分地做好考前复习

对于中学生来说，考前复习非常重要，切不可麻痹大意。只有科学地安排，积极认真地复习，牢固掌握各种知识，才能考出优异的成绩。

充分的考前复习不仅为应试答题奠定了“物质”基础，而且也可以消除考前精神上的焦虑，确保考试中智力的最佳发挥。因此，中学生要想在考场上取得优异成绩，需要先从备考复习抓起。

◆ 正确认识考试

“考，考，考，老师的法宝；分，分，分，学生的命根!”这句广为流传的顺口溜，可以说是最为典型的中国传统的考试观。

在当今的条件下，学校教育不要考试是不现实也是不可能的。只要课堂教育的形式仍然存在，只要社会还具有进化与发展的竞争机制，学生的学习就离不开考试。

其实，考试与教学是不可分割的，没有考试的教学是一个不完整的过程，通过考试才能实现师生间的信息交流。学生也可以自我评估，改进学习。考试只是一种技术性的测评，考试结果仅仅是对学生实行多元化评价的依据之一。

那么，中学生如何正确认识今天的考试呢?

（1）如何正确对待考试

当今的学校考试可分别归属于三类考试模式：日常教学过程中

的各种考试皆属于学业考试模式，各学段的毕业会考属于资格考试模式，各级升学考试属于选拔考试模式。三类考试的性质不同，对待它们的态度和方法也应有所不同。

①学业考试模式。教学过程中的学业考试（教学形成性考试、阶段性考试），都属于目标参照性考试，即以《教学大纲》规定的教学目标作为考试目标进行测评，考试结果反映学生与教学目标的距离，即学生实际掌握知识的水平。其目的是确定学生按照教育的终极目标与教学任务目标究竟发展到了何种程度，存在哪些问题，以便及时改进和矫正，减少教学过程中的盲目性。

对于这类考试，中学生只需平时抓好各个学习环节，根据科学的学习程序按部就班地进行复习和考试，既不用去突击准备，更不用有什么思想压力。因为它本身就是教学过程中的一个环节，应当像对待课前预习和课堂上课一样，认真、从容和有条不紊地去完成。假若考前搞什么突击记忆，猜题押题，考试结果反而不能真实反映自己的学习状况，还可能掩盖某些问题，作出错误的诊断。

②资格考试模式。资格考试也属于目标参照性考试，它也是以教学目标作为考试目标进行测评，其参照目标就是国家统一规定的各级教育学历水平，能达到规定水平的学生准予颁发证书（合格证或毕业证）。达不到的则视为不及格。

针对资格考试的这一特点，中学生在毕业会考的复习中，应力求全面和系统，立足于“双基”，不必在难题上下工夫，也无须搞什么猜题和押题（因为知识覆盖面广，猜题、押题也是徒劳的），只要真正全面地抓好了课程基础知识，就一定能考出好的成绩。

③选拔考试模式。选拔考试属常模参照考试，即以学生集合作为参照系的考试。考试结果表示的是每个考生（样本）在集体（集合）中的相对位置。即考生与考生间的相对差距。由于选拔考试是受名额或受某种特殊技能限制的，且以甄别和挑选为目的而进行的考试，因此这类考试尤其强调考试的区分度。它有一定的侧重性，考查的学科知识不一定面面俱到，但会有一定比例的难度题。

针对这类考试的特点，中学生在备考复习中，除要求全面系统地掌握有关学科知识外，还应有一定的针对性，不妨预测一下考试重点和考试方向。应注意历年选拔考试的热点和题型的变化，从而有重点、有的放矢地安排复习，以缓解一些复习的压力。为了高一级学校选拔人才的需要，这类考试特别注重对学生能力的考查，而且它代表着今后的考试方向，因此同学们要想在这类选拔性考试中获得优异成绩，在日常的各种学习活动中，就应特别重视自己能力的培养和训练，因为能力的发展不是单靠考前复习就能够获得的。

由于升学考试在一定程度上关系到个人的前途，且面临较为激烈的竞争，中学生产生一定的思想压力是正常的，但应学会个人心理的调节，不要让压力成为思想负担。只有使自己的身心得以充分放松，才有可能获得考试中的最佳发挥。

（2）如何正确对待考试分数

考试分数固然是反映学习水平高低的标志，但却不是唯一的标志，“分”更不是学生的命根。对于选拔性考试，由于考试的目的就是利用分数区分考生等次，从而确定选拔的对象。这时中学生可以把获取高分作为一种复习与应试的策略。

斤斤计较考试分数的高低，只会拉大分数值与真实学习水平之间的差距。这样的学生在日常的学习中只能是围着老师的教鞭转，唯老师所讲是从，不敢越雷池一步。由于只注重分数，考好了，欢呼雀跃，笑逐颜开；考差了，愁容满面，垂头丧气。对于试卷中反映出自己的一些学习问题，也就不闻不问了。有的学生为了追求分数，考试时不惜违章作弊，甚至于和班级中许多学生一起集体作弊。

一个学生走入片面追求分数的学习误区，他会把追求考试第一或100分当成学习的目标。长此以往，考试、考分就成为学生学习的动机（外部动机），直接影响中学生学习的内部动机的形成。这样的学生会逐渐变得谨小慎微，失去个性，没有棱角；只会顺从，只会围着课本和老师转。具有此种心理特征的中学生即使天天得100分，也不是我们的社会所需要的人才，因为他们不可能在科学上获得更大的进取和突破。

温馨提示：

每一个立志成才的中学生，都应彻底摆脱传统考试观的影响，正确认识和对待考试，不做考试的奴隶，不做分数的奴隶。

◆ 考前复习需要讲究正确的策略

考前复习的时间有限，内容繁多，中学生要取得比较好的复习效果，就必须讲究策略，做到有利、有节、有序、有效地进行。

（1）结合考试大纲，把知识系统化、网络化

许多中学生在临近考试前，往往有这样的感觉，做过的题确实已经不少了，但仍感觉心里没底。不知道下次考试会出什么题，不知道自己再碰到类似的题，还能不能做出来。这些中学生之所以会产生这样的困惑，就是因为在做了大量的习题以后，没有及时总结，没有把做过的每一道题与各门课的各个知识点挂上钩。归根结底，还是没有把头脑中所有的知识网络化。究竟怎么样才算是将知识网络化了呢？它的具体要求是什么？

作为中学生，考前就要做到，无论拿起哪门课的教材，都能在10分钟左右的时间内，一边翻书，一边在脑海中“过电影”：这门课要考的知识点有哪些？这些知识点完全掌握的有多少？掌握不太好的有多少？各个知识点常有哪几种典型题目出现？解这些题目的基本思路又是什么？总之要真正做到，所有这些基本要求都在头脑中一清二楚、条分缕析。

其实，那些真正做了很多习题的中学生都会知道，只要做题量达到了一定的积累，这个连锁反应的过程只要几秒钟就能完成，这完全是一种本能的反应。所以说，中学生在做到知识的网络化以后，

学习起来，思路始终会很清晰，临上考场时自然也就会充满信心了。

知识网络化，它只是给学习插上了提高效率的翅膀，但考试的基础还是在于你知识量的积累。

（2）既要有重点又要全面地复习

中学阶段学习的重要任务是掌握基础知识和训练基本技能。因此，考试复习首先要求系统和全面，要求扎扎实实地落实每一个知识点，不留疑点和空白。临考复习的预测考点、强化重点知识的记忆和训练，都是建立在这个基础之上的，没有这个基础和前提，也就成了猜题和押题。

中学生在考前复习时要对课程范围进行最后的确认，看看自己的复习是否有遗漏，包括知识方面和应试技能方面。一方面可以对照考试大纲进行检查，另一方面可有选择性地做几套模拟试题。做模拟试题不仅可以检查自己知识与技能的全面落实情况，而且可以熟悉考试题型，了解自己的实力和积累考试经验，它是考前复习的重要内容和方法之一。但要注意，模拟试题应选择高质量、能代表考试方向的整套试题，不能只做个别试题，并且宜安排在考前复习的前期完成。

（3）多做习题练习，总结解题规律

中学生想要考出好成绩，考前没有多角度、多层次的练习是不可能的。因为练习是沟通知识和能力的桥梁。虽然大家都反对“题海战术”，但如果没有做一定数量的高质量的练习题，中学生的思路就无法打开，知识就无法灵活应用，更谈不上融会贯通了，能力也就无从谈起。练习时要注意练习的典型性、针对性、系统性、层次性、应用性，要在练习中总结各种不同类型题目的解题规律。在解题时，要注意解决三个问题：一是巩固知识；二是查漏补缺；三是对试题中一些共性的、规律性的东西进行归纳和综合，包括题型、设问角度、解题方法等。做题时，不要过多地注重解题的结果，而应该更多地去研究分析材料的方法、思维的逻辑性等。一道题解不对或答不全，除基础知识和心理因素外，很重要的一个原因就是分析材料不全面，思考问题缺乏条理性，如果考生能在这些问题上下工夫，答题时就会得心应手。

（4）注重考前的强化记忆

会学习的中学生，在平时的复习中就已经完成了对各类题型的训练与分析，对作业中的错误进行彻底清理，对各学科知识的重点与难点能透彻理解。到临考复习时，这部分中学生的重点就可以放在对知识的强化记忆上了，如重要的概念、公式、原理、定理和结论，重要的词汇和语法规则，重要的历史事件及其因果关系，重要的理论、观点与事实等。或者可以站高一点，强化对学科知识体系和各部分内容相互联系的深入理解。对于一些准确性要求较高的记忆材料，考前不进行强化记忆，是不会有清晰而准确的印象的，而这些材料恰恰是应试考题的基本依据。

要注意的是临考前几天的复习一定不能纠缠于某些具体问题和习题，即使没有搞清楚，也只有放到一边，而将时间和精力放在全面的复习和系统的记忆上。因此这就要求中学生注重平时有计划地训练，注重平时解决好学习中的一切疑难问题，而不要把一些学习问题遗留到考前再来算总账，这些“账”到临考前是“结”不了的。

温馨提示：

考前复习也就是为考试做好知识准备，这是考前最重要的准备。中学生如果抓好考前复习，临考时自然就会有一种胸有成竹的感觉。

◆ 高效率复习的基本要点

中学生在复习时，需要注意以下几个要点：

（1）首次复习要及时

当天的功课当天复习，抓住记忆还比较清晰的关键时间进行巩固。

早在1885年，心理学家艾宾浩斯经过系统研究，就总结出了人的遗忘规律，如下表：

时间间隔	20分钟	60分钟	8小时	1天	2天	6天	31天
遗忘比例（%）	55.8	61.8	64.2	66.3	72.2	76.4	78.9

从上表中不难看出，学习之后，遗忘立即开始，而且遗忘的速度相当快。因此，首次复习必须及时，趁热打铁。

（2）多学科交叉

复习时采取单科集中的所谓“攻坚战”，内容单一，容易造成大脑疲劳，降低记忆力。因此，复习期间，要多学科、不同内容交叉进行，做到一张一弛，多科并举。

（3）阅读与回忆相结合

在复习时，运用尝试回忆的方法能有效提高记忆效率。在复习前，不妨合上书，回忆一下哪些东西记住了，哪些忘记了，或者先出道题目考考自己，然后再翻书核对，看是否已经掌握。在复习的过程中，要一边阅读一边回忆。这样，就可以节省复习时间。

实现高效率的复习要讲究方法。把握高效复习的基本要点，才能更好地巩固学习过的知识。

（4）点与面相结合

在全面掌握的基础上，对重点、难点多下工夫。切忌主次不分，平均用力，眉毛胡子一把抓。

温馨提示：

只有经常复习已经学过的东西，才能增强记忆，加深理解。只有做到“学而时习之”，才能很好地巩固、运用所学知识，才能做到“温故而知新”。

◆ 掌握考前后期复习的要领

随着考试日期的一天天接近，心理素质较好的中学生或许还能够平心静气地复习，而心理素质不好或者成绩不太好的中学生，在考前的后期复习中就会乱了方寸，觉得这个也没看完，那个也没记牢，于是就东抓一把，西抓一把，不知该怎么复习了。这是很糟糕的现象，往往会影响到中学生在即将到来的考试中的发挥。中学生应该如何摆脱这种现象，在后期取得好的复习效果呢？主要应做到以下四个方面。

（1）后期复习以冲刺为主

如果把复习的整个过程看作一场百米比赛，那么后期复习就是冲刺，考试就是终点，也是中点。说是“终点”，是相对于它是复习的结束而言；说是“中点”，说的是仅仅是一次考试而已，以后的考试还有很多。

考试冲刺与百米冲刺唯一不同的地方就在于，前者的获胜者不一定是速度最快的中学生，而是一个综合能力相当强的中学生。

（2）改变学习习惯

学习中的很多习惯是后来养成的，这些习惯可能很好也可能不好，但无论怎样，在后期复习时都要根据自己的实际情况做适当的调整，这样才有可能更好地迎接考试。学习习惯中最重要的一点就是学习时间的安排。

有很多中学生习惯于夜里学习，被称为“夜猫子”，而早上喜欢睡懒觉。这种习惯在后期复习过程中必须更改，晚上睡眠不足，白天的精神状态低迷，是无法更好地进行复习和考试的。夜晚学习，白天的状态肯定不会太好，这就与考试发生冲突和矛盾，结果也不可能尽如人意。

最后要说明，习惯的改变至少要一周时间才能够完成。因此，改变以前的习惯，最好在考试前的三周内开始实施。因此，中学生必须在复习后期进行学习时间的改变，这样在考试时才能不受影响。

（3）改变记忆方式

后期复习应该以记忆为主，以多掌握基础知识为宜。在考试前一两个星期内不要再大批量地做习题了。通过几年的学习，中学生的解题思路和解题技法已基本定型，在剩下的这几天时间里既不会丧失，也很难有大的突破，因此背一些零碎的知识点，翻一翻课本是此时最佳的复习方法。这里涉及记忆方法改变的问题。

在前期复习时，有的中学生可能会通过各种方法加强记忆，如类比、对比、列图表、画系统等，但是在后期复习中，已经有过系统化、网络化的记忆了，这时需要具体的记忆以查缺补漏。要知道，方法是为解决问题而设计的。

在后期复习中，以问答式记忆方法复习，效果不错。问答包括他问我答和自问自答两种方式。这两种方式可以根据具体情况来定，但自问自答优先，因为它不受什么条件的限制，可以跨越时间和空间。如果有条件，他问式和自问式最好结合起来使用。这种记忆方法尤其适合于文科类科目，如历史、政治等。

问答式记忆，实则是考试的口试部分。用这种方法记忆既增强口语（英语）能力，又增强答题能力（尤其是文科类），还可以提高思辨与解题能力（尤其指理科）。自答式可用默问默答式，脑海里只浮现问题的答案，但不说出来，只是想，想不起来再看一看书。

光记不做习题是不行的，考前复习的后期复习因为时间有限，或许不能正规地去做大量习题，但每天一套模拟试题还是应该保证的。

（4）后期复习时千万别再学新知识

当中学生临近考试时，有时会突然有一种失忆的错觉，仿佛连最简单的公式、定理、单词都想不起来了。其实这也是很正常的现象，千万别心虚发慌。但这时你应该注意了，千万不要再灌输新知识。把曾经记过的再看一看，增强一下记忆。“闭目沉思”说的就是这个道理，只有切断新的输入，你的记忆才可能保持住。在心理学上，这种新记忆使旧记忆淡化的现象被称之为记忆的抑制效果。

温馨提示：

临近考试，难免会有一些各种不同的心理状态，甚至会造成不良影响，这时最重要的是把心态放平，掌握后期复习要领，为最终顺利通过考试保驾护航。

◆ 考前复习的“六要”与“七忌”

考前复习事关考试成败，中学生万万不可粗心大意，而要科学地进行安排，井然有序地进行。中学生尤其要注意考前复习的“六要”与“七忌”。

（1）考前复习的“六要”

一要有计划性。复习时制订出计划，明确什么时间复习什么内容，采用什么方式、方法，达到什么目的和要求，都应做到心中有数，“纸上有目”。这样才能增强复习的自觉性，减少盲目性和随意性。

二要有及时性。德国心理学家艾宾浩斯提出了遗忘的规律是“先快后慢”。这就是说，刚学过的材料在最初几个小时遗忘的速度很快，两天后就变得缓慢了。根据这一遗忘规律，复习一定要及时、反复，要趁热打铁。

三要有针对性。复习要针对本人实际和教材实际。针对本人实际，要采用自己得心应手的方式方法；针对教材实际，要做到突出重点，突破难点，消除疑点，掌握特点。

四要有系统性。复习时，应把教材知识系统化，编制成“知识树”，或者在老师的指导下编写复习提纲，按提纲进行系统复习。

五要有趣味性。复习同练习一样，都应避免机械地重复。采取有趣的方法刺激求知欲，会使自己乐学不倦。

六要有多样性。指挥员打仗，为了全歼敌人，必须集中优势兵力，把步兵、炮兵、侦察兵、航空兵等全部动员起来，对准一个目标，稳、准、狠地进行攻击，才能获得胜利。中学生复习如打仗一样，要调动自己的眼、耳、口、脑、手等器官，在大脑皮层中建立多方位的信息联系。复习方式多样化，就极大地增强了复习的效果。

（2）考前复习的“七忌”

一忌复习无计划。中学阶段考试的科目多，知识范围广，因此中学生在复习时应有一定的计划。可是，有不少中学生复习时却没有计划，盲目性和随意性很大，东一榔头，西一棒槌，常常复习不到“点子”上，考试时答不上题，后悔莫及。

二忌临阵磨枪。复习功课，贵在坚持、及时，宜早不宜迟，更不宜“临时抱佛脚”。尤其是考试前的总复习，时间紧，任务重，如果不注意及时复习，总认为“来日方长”，临阵才去磨枪，那就为时已晚了。

三忌平均使用力量。搞复习，应当抓住各门功课的特点、疑点、重点和难点，集中力量打“攻坚战”，解决“拦路虎”。可是，有些中学生在复习中却“胡子眉毛一把抓”，分不清主次，虽然面面俱到，但没有抓住重点，遇到疑难问题，常常解决不了，学到的知识也比较零乱，不系统连贯。

四忌贪多求快。复习功课，一定要在保证质量的前提下，循序渐进。可是，有的中学生却置“质量”于不顾，一味求多图快，“一口想吃个胖子”。这样，不仅“欲速则不达”，还往往会出现“第二锅夹生饭”。

五忌题海战术。复习功课免不了要做题，而且做的题目可能比平时要多一些，这当然无可非议。但有些中学生却做过了头，整天埋头做题，成了“题海无边”。“两眼一睁，忙到熄灯”，复习题、自测题、模拟试题，做得眼花缭乱。

六忌滥用参考书。随着出版事业的发展和人们对科学文化知识的重视，各种复习资料铺天盖地，但大多编写重复，且良莠混杂。有不少中学生没有摆正教科书与参考书的关系，弄得喧宾夺主，本末倒置。因此，在购买参考书时应精挑细选，每门课最多选择一两本质量高、真正具有参考价值的参考书，切不可滥用。否则，不但浪费钱财，耗费精力，而且对学习有害无益。

七忌劳逸失度。有些中学生考前复习废寝忘食，半夜睡，五更起，虽然精神可嘉，但做法是愚蠢的。复习迎考，任务繁重，更应该劳逸结合，保持适当的娱乐、休息和睡眠。

温馨提示：

临近考试，谁都会产生心理紧张。在考前复习中，再紧张也要抽空运动运动，一是让大脑休息一下，二是为考试储备充足的体力。

二、提高考试能力，从容应对考试

在应试环境里，一个中学生要想取得理想的考试成绩，仅靠平时的努力学习是不够的，还要有能力适应大大小小的一关又一关的考试。就是说不但要会学习，而且要会考试。中学生不仅要做一名学习的强者，还要做一名具备考试能力、能从容应对各种复杂情况的考试竞技场上的赢家。

◆ 应当做好必要的考前准备

考试必须不打无准备之“仗”。只有考前准备充分，才能满怀信心地走向考场，去赢得胜利。中学生考前应做好以下几方面的准备工作。

（1）审时度势，通盘计划

首先，中学生要清楚自己面临的是什么样的考试，是效果考试，还是资格考试？前者是摸底，为后面的学习打基础；后者则是重要的影响到前途、命运的考试。

其次，中学生要清楚还有多长时间要考试？根据时间长短，安排时间复习，从总体复习阶段到强化复习阶段，再到重点复习阶段。

最后，中学生要根据考试的范围，制订全面复习计划。由教师指导进行的复习，不能全由教师安排（教师不可能满足每个个体的需求），自己需要争取主动。长期计划与短期计划协调一致。

（2）张弛有度，劳逸结合

考前准备最重要的一条，是保持头脑清醒和充足的体力。这需要中学生在考前劳逸结合，适当娱乐。使自己保持一定的压力，不能过于放松，更不能整日沉迷于游戏之中，以让自己保持良好的竞技状态。

通常压力太大，就会过度紧张，中学生一定要学会适当放松，如参加适当的体育活动等。

（3）营养合理，睡眠正常

饮食要合理，适当补充营养，这是中学生考前必要的生活保证。

休息达到正常水平最好，万一失眠，可采用有关办法解决。更积极的办法则是，干脆躺在那里“回忆温习”考试内容，把睡眠交给身体“自行主管”。如果用意识去控制，往往适得其反，因为生理睡眠特点是越在意反而越兴奋，越走向愿望的反面。

（4）熟悉考情，成竹在胸

中学生面临中考或高考时，一定要摸清考场环境，最好自己去现场实际调查一番，了解具体的环境情况，免得考试时出错，从而先在心理上取得主动。

中学生还可以通过向老师咨询，大体掌握考试方向、内容等有关情况。依据考试时间，安排最后的复习时间和强度。

（5）提前入场，舒缓紧张

考试当天，中学生最好提前到达考场，稳定心理、情绪，熟悉考场环境。对周围的自然环境和人文环境要提前熟悉，这样会使自己更加从容和坦然自如，避免因为赶时间，一下子面对许多陌生人造成心理压力和紧张而陷入混乱。中学生应尽量避免考前一刻钟之内还在“临时抱佛脚”。其实对于大考来说，考的是相当长一段时间的知识，绝不是十几分钟可以应付得了的内容，就是说此时大局已定，只要把平时复习的知识投放到镇定自若的考试之中就可以了。

（6）端正心态，释放能量

持有积极的心态，对考试非常重要。中学生面对任何考试，都要学会在战略上轻视考试，在战术上重视考试。心态好，态度积极，考生才会有相当的余地去发挥。中学生不要轻言考官出偏题，事实上出偏题在重大的考试中不大会出现，它也不大可能被有经验的审查者通过而出现在卷面上。中学生可以从较大的知识点上去积极寻找解决的办法，这才是有效而积极的态度，决不能有放弃“认输”的念头，也不要怨天尤人。

温馨提示：

在中学生的考前准备中，家庭环境有着重要的影响。中学生应及时与父母多沟通，全家努力为考试创造一个良好的家庭环境。

◆ 争分夺秒：科学地安排答题时间

中学生一旦走进考场，就开始了一场与时间的赛跑。因为考试时间是有限的，中学生要在这有限的时间内高质量地完成试题答案，就必须掌握科学安排考试时间的技巧。

（1）做好答题的时间计划

考场上的中学生在答题前，非常有必要将时间的使用做一计划，精确地分配解答每一题应该使用和控制使用的时间。方法是首先确定每一分值所占的时间，然后根据每一题的分数的多少来确定解答该题的时间。同时，还要预留出机动时间和检查答案的时间。

（2）休息5~10秒后，再继续答下一道考题

很多参加考试的中学生为了分秒必争，赶快答完考题，于是写完一题之后，马上做下一题。虽然考试时间决定着胜负，但是这种方法并不妥当。因为回答这一问题的思考模式并不一定适合其他的考题，必须让头脑冷静并转变一下思路。

为了转换新的思考模式回答下一题，中学生可以在答完一道题后暂停几秒钟，让心情平静一下，使头脑改变思路。这样做，表面看来是在浪费时间，但事实上却是在节省时间。

（3）答不出的考题干脆绕过，不浪费时间

每年考试都有不少中学生有些试题没有答，但成绩最终不错。老师问过学生，得到的回答是："我对这个问题没有自信，就绕过它，不在上面浪费时间，而去做其他的试题。"这是考试中"把握有限时间"不可缺少的战术。中学生应当认真学习借鉴，千万别在一道难题上花费太多时间。

当然，中学生在复习准备时，要有充分的耐心，不会做的考题即使花好几个小时也不可惜，直到想出来为止。但是，在考场上却不能如此。因此，在考前的冲刺准备时期就必须考虑到这个情形，模拟实战去练习，就可以培养判断题目解答时必须费时或不需费时的能力，同时也训练了调整分配时间的能力。

考场上时间有限，必须将时间和考题进行合理分配，统筹兼顾，方能最大限度避免答不完题的现象。这需要加强平时的模拟练习和速度训练。

温馨提示：

考试时，放弃问题后所剩下的2/3的时间可用来做其他的题目，把放弃的分数弥补回来。

◆ 应试答题三大要则

当中学生步入考场，准备答题时，开好头十分重要。根据历年考生的经验总结，牢记在考场上答题有三大要则，可帮助考生顺利完成考试任务。

（1）答题先易后难

考生按照先易后难的原则答题，有四个方面的优点：一是让考生的思维活动有一个由启动到激活的过程；二是有利于考生集中精神、稳定情绪，而且可以唤起自信，使自己尽快进入最佳的应试状态；三是解答容易题通常较快，可留出大量时间集中解答难题；四是把能得分的题先抓到手，不会由于放在最后因时间不够把能得的分也给丢掉了。基本分得到了，就可以放下包袱去主攻难题，能做多少是多少，自己也就可以放得开了。许多时候将难题暂时放一放，待做完其他题后再来解答，往往会豁然开朗。或者是在解后面的题时从中得到启发，回过头来迅速解答出遗留的难题。

（2）不要漏答空答

漏答是指考生因疏忽漏掉了应答的试题；空答则是由于考生知识或时间的缘故，造成应答的试题而未答。

考试开始时考生一定要把时间抓紧，时间的安排应保证做完全卷后留有一定的机动时间，而不要不留余地。考试的后半段若发现时间不够，宁肯把前面的题（特别是把握不大的问题）答得简略一些，也不要造成有的试题空答，至少也要简明扼要地写下这些题的答题要点。经验表明，两个简略正答的试题，比一个完整正答的试题的得分要高。

有时对试题的答案感到疑惑，左思右想仍然没有把握，这时也不应放弃该题的解答，应选择最初直觉的答案。所谓直觉，就是指未经充分逻辑推理而对事物产生领悟的一种瞬时感觉，也叫第六感觉。事实证明，人对某些问题感到疑惑时，最初的直觉往往是正确的。

（3）卷面务必保持整洁

考试答题时，中学生为节省时间书写要快，但要笔迹工整、清晰。书写太潦草，老师无法辨认，是不会给你记分的；标准化考试答卷，如果乱涂抹，机器更无法准确评分。一些大型统考，主观试题的评卷工作常常持续数天完成，评卷老师在一张接一张地评过许多答卷之后，不免会产生疲劳，此时，如果再碰上难以辨认的答卷，老师是不会吝啬扣分的。因此，使你的答卷整洁，书写工整清晰，评卷老师阅读起来不费劲，不误解，你也会由此得益，何乐而不为呢！

温馨提示：

当考生遇到难题时，也不要慌，不必紧张和担忧，这时可在难题的题号前用铅笔做个标记（以避免最后漏答），然后坦然地去做后面的试题。答题最好按试卷安排的顺序逐条去解题，跳跃性太大往往会造成漏题，空答。

◆ 考试答题的八大要点

掌握答题技巧是考试时正常发挥甚至超水平发挥的必要条件。答题技巧是考生们从历次考试和答题中总结出来的，具有普遍性。

作为应考的中学生，在考试答题时，一定要注意下面八个要点。

（1）严格按试题要求答题

解答每一道考题前，先要仔细读题、审题，严格按照试题的要求答题。看看该题前后有无在括号内的说明性、提示性、解释性的文字，看清题目的要求。如选择题，是单项选择还是多项选择，要求画什么样的符号，符号画在什么地方（试卷上还是答题纸上）；所有的试题必须全部答出还是只选答其中的某些部分；答案有无字数限制（尤其是作文）等。试题的说明文字是判卷的依据之一，答非所问或不按要求答题的，即使答案正确，往往也不能得分。特别是计算机判卷，如果不按要求答题，可能就根本没有结果或分数。这一点，中学生必须引起高度重视。

（2）答题要规范化

中学生必须按照标准格式答题，答案要层次清楚，条理分明，笔迹工整。整洁的答卷能给人赏心悦目的感觉。这样，在可扣可不扣分的时候，评卷老师就会倾向于不扣分；反之，字迹潦草，卷面不整洁，令人望而生厌，那么，在可扣可不扣分的时候，多半都会被扣分的。有人觉得，模棱两可的符号、语句，可能会得到阅卷者的疏忽、宽容。事实恰恰相反，所以中学生不能忽视。

（3）困难面前沉住气

遇到困难而停笔思考时，往往因看到周围同学伏案疾书而产生“竞争对手”遥遥领先的急切心理，从而导致心慌意乱。实际上，这是大可不必的，因为不停地写不一定都答得对，“下笔千言，离题万里”的情况是屡见不鲜的。考试时停笔运思是正常现象，命题人命题时已将思考的时间考虑进去了。“磨刀不误砍柴工”，只要思考好了，书写出来是很简单的。在考场上，中学生应只注意自己，少考虑他人。

（4）认真书写解题步骤

正确的解题思想与方法是迅速地、正确地做好题的关键，而解题步骤则是解题思路与方法的反映。在试卷上必须将解题步骤按试题要求层次清楚地书写出来。中学生不要认为自己能想出正确答案就可以省略必要的步骤，因为评卷标准上常常是按解题步骤给分的。

（5）保持解题过程的一致性

中学生要注意保持前后解题过程的一致性，使做题完美无缺。例如，在单位的处理上，对已知数无单位的试题，最后不要随意添加单位；对已知数有单位的试题，最后不要忘掉单位；设未知数要注意带单位；同一题单位不同时，要先换算好再往下进行。这些小地方若不注意，有时会出大错误，有时甚至无法继续解题。即使不出大错，判卷时也必然会被扣分。

（6）学会用排除法猜题

对选择题，假如遇到难题或没有把握的题，只要不倒扣分，尽管猜。标准化考试的 A、B、C、D 四项选择中，即使不会做的题，任意选择一个，至少也有 1/4 对的可能性。如果你能够排除四个中的其中一个，你猜中正确答案的可能性就增加了一倍。在单项选择题中，除正确选项外，往往有一个强干扰项、两个弱干扰项。实际上，即使不会做的题，排除掉弱干扰项也是很容易的。许多考生说他们不善于做那种“诡计”题，他们往往被表面上似乎正确的选项搞得迷惑不解，以为这便是正确答案，而其实不是。遇到这类“诡计”题，考生一定要仔细考虑和分析每一选项。在分析不出的情况下，那就要学会用排除法猜出其中一个。

（7）注意利用联想

解答一道题时，可能会联想到其他试题。遇到这种情况，不应完全终止该题的解答而转向其他试题，可以花 2 ~ 3 分钟时间把考虑出来的内容要点迅速记在草稿纸上。整张试卷内总会有一些试题能够相互启发，如英语中的完形填空题常常就是这样。因此，不能简单地排除这种联想。

（8）留出检查时间

一定要留出检查全部答案的时间，一般是 10 ~ 15 分钟。检查时，要特别注意平时易犯的老毛病，如移项变号、单位换算等，还要检查语句是否通顺，符号、图形是否正确，有无错别字等。尤其要考虑到你的书写过程能否让阅卷人看得懂，转页、转行是否能让阅卷人找得到，等等。即使有一道题解不出来，也不要抓住不放而失去了检查其他题的时间。绝不要提前交卷，如有时间，就绝不能放弃最后的努力。尤其是现在的标准化考试，更不要随意留下没有做的空白。

温馨提示：

考试之前，中学生有条件的话可向已参加过考试的亲戚朋友或学习好的同学，多请教一下答题的体会，通过借鉴别人的经验来提高自己答题的效率。

◆ 考场答题纠偏十不要

答题是一个既动手又动脑的过程，所以，作为考生的中学生，在答题时要细心，无论是文字、符号，还是公式，都不能大意。

答题的方法、技巧正确与否，是关系到考试成败的最主要的因素。因为已经想到的东西能用学科术语和符号表达清楚，并要求文字精练、计算正确、表达准确，这当中确实需要一定的工夫、方法与技巧，对已经获得的解题思路进行再加工。为了提高答题的质量，杜绝偏差失误，中学生在考试答题时务必注意以下十点。

（1）细心答题不要粗心

考场上，考生最紧要的是思想集中，认真细心，全神贯注地审题答题，这常常是关系到答题成败的关键。有些考生粗心马虎，对一些简单的题目不在乎，不重视，拿到试卷信手就做，也不复查，结果丢三落四，错漏频出，失分过多。有的考生没认真审题就急着下笔答题，答了一部分才发现离题，结果不但浪费时间，还要把试卷涂改得乱七八糟；有的考生答完题也不知已错，造成下笔千言，离题万里，失去得分。这都是因为粗心、马虎、麻痹造成的。

答题时一定要认真细致，全神贯注，千万不可分散精神。切记：

粗心、马虎最容易造成考试丢分。

（2）遇到容易题不要乐

中学生在答题时遇到自己感到很容易的试题时，千万不可疏忽大意，以防乐极生悲。中学生要懂得，考试的题目一般都不会很容易或太容易，容易题里面可能有“坑”，万万不可跳入“坑”内。因此，遇到容易题时，不但思想不能麻痹，思绪不能松懈，反而要更加小心谨慎，以认真细致的态度对待，这样在解答“容易”的试题时才不会吃亏。

（3）遇到难题不要忧

遇到难题时，考生千万不要忧虑，因为考试出现难题是正常的事，如果都是容易题，那就失去了考试的意义。中学生要明白：试题是为大家出的，自己觉得难，别人也觉得难，自己做不出来，别人也不一定能做出来，“水落船低”，在分数线上大家是平等的。如果实在做不出来，就先放弃，等做完其他题目后再返回来慢慢攻克它。

（4）遇到“似曾相识”的题不要大意

遇到看似以前曾做过的题时，考生要倍加小心，反复审题，千万不可简单轻率地按照过去练习过的方法照搬。因为这类题往往表面形式相似，但内容、要求、解法则完全不一样，如果“想当然”去解题，就必定会出差错，不少考生都吃过这方面的亏。因此，必须认真细致地审清题意后再下笔。

（5）遇到不曾见过的题不要紧张

遇到未曾见过的题时，考生首先要稳定情绪，坚定信心，慢慢回忆。因为完全超出教材和大纲内容之外的试题是不会出现的，出题人不会在考题上来戏弄考生，让考生去猜谜语，要相信自己掌握的知识是完全能够做出此题的。这时就静下心来，回忆一下题目的内容属于课本中哪一部分所讲的，想想这部分的知识体系及有关的解题思路和方法。这时就可能会从中想出头绪，在“山重水复”中出现“柳暗花明”。

（6）遇到特殊题不要急

遇到特殊题，先不要感到束手无策。一般题往往都有一套常规解法，一旦用常规解法解不出来，就说明该题有特殊之处。这时最重要的是不能急，就如解绳子疙瘩一样，越急越慌就越解不开。这时要找出试题的“题眼”，即关键词句，这是答好这类题的首要条件。接着换换角度，从多角度思考问题，尝试着把一道题分成几个层次去理解，或者用几种方法、几条原理去解，或采用逆向思维去解，这样就能在某一处突然明亮，顺手而解。

（7）遇到综合性很强的大题不要怕

遇到这样的题根本不要害怕，更不用感到“无处下手”，只要你采用分解的方法就能彻底解决。先把大题一步一步地分解成若干小题，然后把每一个小题做出来，最后综合在一起就是正确的答案。其次，考试中的很多大题都是教材中的若干道小题综合在一起所构成的。明白了这个原理，你对这类题就有了办法。

（8）遇到“一时想不起来”的题不要慌

在考场上往往会出现这样的情况，明明平时很简单、很熟悉的题目、概念、定理或公式，到答题时突然想不起来了。遇到这样的问题时，首先要放松思想不要慌张，也别坐在那里冥思苦想，先把此题放一放，去做别的题目。在做别的题目时，被遗忘的内容常常会自动地“跳”出来。如果回头再想还是想不起来，就先想想课本或笔记中在遗忘部分前后的知识点是什么内容，然后再把这些知识点联系起来回想。中学生也可以找一找卷面上其他试题的内容，看看是否能启发回忆出遗忘的那部分内容。只要稍加留意或只想到一个字或一个词，就会茅塞顿开。

（9）遇到绝对答不出的题不要放过

有的题经几次强攻硬啃仍不能解，而且考试的时间又不多了，不能再继续往下久想细思了，这时也不能放过，更不能让它空着。对这种题，只要不倒扣分，考生就尽管放心地去大胆尝试，对那些选择题、填空题凭自己的感觉往上填，大题就写些相关的定理、公式，根据已知简单地推一推，哪怕只有一些模糊的意识也要在答案上表现出来，力求得些小分。只要敢这样做，说不定就猜对了，蒙准了，总比让它空着白白失去得分的机会强。

(10) 自己答错的题不要急着划掉

不少中学生都有一个共同的习惯，发现自己答错题后，会立即擦掉或划掉重写。当发现有题做错时，先别着急划掉，要先在旁边写上正确的解法再划。因为有时转念一想，又发现原来的解题方法是对的，若已划掉，则又要花时间去重抄一遍，那样就会耽误时间。如果确实错了，也不要用笔大抹，只要把错误的地方圈出来即可。

温馨提示：

尽管考题千变万化，但万变不离其宗，只要中学生复习到位，准备充分，临场不慌，考高分就不在话下。

◆ 防止答题跑题的两大技巧

跑题即是答非所问，这和考生误解了题意有很大关系。那么，怎样防止“跑题”呢？中学生应从两方面入手。

(1) 充分理解题型术语的含义

题型术语是约定俗成的答题规范的词汇，它对解题有严格的指向性。

常见的题型术语是：

- 比较：寻找事物之间的相似之处和不同之处，一般是“同中求异”或“异中求同”。
- 对比：将两方面加以对照，显示出区别，有时近似比较。
- 解释：对事物的本质属性加以说明。
- 判断：对理论、原理或事情的真假性，提出自己的判断，有时还需说明理由。

• 简述：或叫简答，简明扼要地叙述要点，省略掉细节和具体事例。

• 列举：列举出相关的知识和要点，不作具体阐述。

• 评价：从一定的角度，对某事物的价值作出估价，其中一定程度上包含个人的意见。

• 证明：为所得的结论或决定提出充分的依据。用文字或符号表达结论与依据之间的逻辑关系。

• 论述：或叫阐述，也叫分析。必须详尽地论证阐述，论点明确突出，论据确凿充分。

（2）仔细明了题型的解答要求

解答要求对考生的答题有一定的规定。考生明确了题型的解答要求，有利于得高分。

①选择题。要求考生从规定的迷惑答案和正确答案内选出一定数量（或唯一，或多项的）的正确答案的试题。

②填充题。给出一个不完整的句子，要求考生把省去的那些重要的、关键的字、词、符号、结果、图表等内容补充完整。有填空题、填图题等小类。解答填充题，考生首先要认真理解题意，字斟句酌，按题目要求准确填上恰当的内容。值得注意的是，解答填充题，不仅要语句通顺，而且还要准确，切忌以空白的长短作为答案内容多少的标准。若是书本中的原话，应“以书为据”。

③改错题。要求考生改正命题中因某些字词造成的内容形式上的错误，侧重考查学生对知识的理解和应用。解答改错题，首先要从题目所表达的整体意思思考、判断其限定、表述等是否恰当；其次应抓住某些关键性词句，如“凡是”、“都”、“只有”等表范围的词，看是否与学过的科学原理、客观事实、标准规范等相矛盾。

做改错题的原则是：一要不违背出题原意，不做不相关的或不突出主要意思的更改；二要抓住要害，修改造成错误的关键字词。

④配伍题。由两组有关的素材组成，要求考生为一组的每一项，在另一组中选择出一个联系最密切或相配的项目。常见的有连接题

和排列题两小类。解答配伍题需注意：明确题目按什么标准来配搭；两组素材中的项是否存在一一对应关系，每一项是否仅限用一次，所列项目是否选定。

⑤解释题。要求考生叙述、说明某个名词、术语、原理、公式或某种理论、观点、事实、关系等。主要测试同学们对知识的记忆、理解和表达能力。各科各类知识的解释题的解答有较大差异，如历史中的“事件名称”，常常需要解说事件发生的时间、地点、简单原因，主要当事人、事件经过、事件意义等。而语言中“术语名词”，只要解释所指对象含义即可。

⑥读文题。一般由文和题两部分组成，如语文测试中的阅读题。解答读文题，首先要读题，再带着题去读文，既省时，效果又好。解答时，既要回忆相关的知识要点，又要联系具体的语境。这种测试主要检查综合适用的理解能力、分析能力、表达能力，灵活性较大，照搬记忆中的要点，得分不会很高。

温馨提示：

答题时跑题，答得牛头不对马嘴，既浪费考试时间，又影响得高分，考生一定要注意。当考生发现试卷表面字迹不清晰时，一定及时向监考老师说明情况，以防答错跑题。

◆ 正确排除考场故障

考场中，经常会发生意想不到的障碍，影响考生的正常发挥。考试的实践表明：很多本是胸有成竹、胜券在握的中学生，由于应试时缺乏必要的应变能力，发生意料不到的故障，影响了应试能力的正常发挥，有的甚至一败涂地。因此掌握相关故障的排除法，有利于考生考出理想的成绩。

(1) 考场上的常见故障

其一，不良的习惯心理。当考生非常熟悉一种题型或原理的固定的使用范围时，便会形成解题的心理定式，在遇到类似的题型时，常常按照习惯的路子思考求解，结果南辕北辙，失之毫厘，谬以千里。

其二，产生错觉。当考生对某类题型、某种题目驾轻就熟，发现试卷上也出现相似的题目时，便错以为是自己所知的题目，于是想当然地将答案写上。

其三，记忆障碍。考生本来很熟悉的字、公式、知识，在考场上却突然思想“短路”，一时怎么也回忆不出来。

其四，钻牛角尖。当考生在解题中百思不得其解时，却固执地只沿着一条思路走下去，碰鼻子不会拐弯，一错到底。

(2) 如何排除考场故障

考场上要排除障碍，应注意以下四点。

①冷处理中等转机。当遇到确实难以攻克的难题时，为了不空耗精力，就应先把它搁置下来，暂时告别，去解决另外的问题，或者根本不考虑这些问题。休息几分钟，大脑得到松弛后，回到原来的题上去，或许会突然悟出解决的办法。一名高考文科生说：“作文《习惯》，怎么写呢？左思右想，始终难以下笔。我干脆抛开它，去检查前面已经做完的试题。我检查到综合阅读题时，其中一句‘以一人之誉而召季希，以一人之毁而遣季希’触动了我的灵感，思路突然开阔起来，于是一篇谈‘用人习惯’的议论文形成了。”

②列举知识要点进行筛选。遇到难题，对思考方向或试题答案不能作正确判断时，可根据试题检测大体方向，列举相关知识要点，来比较选择。

③四步思考突破法。考生在临场应变活动中，很容易遇到难题，陷入困境。采取下列四步思考法有利于中学生选取突破口，摆脱困境。

第一步：哪些基础知识是同本题有关的？

第二步：这些基础知识是否有联系？

第三步：哪些解题思路与本题问题有关？

第四步：利用前两步列出的要点对第三步提供的思路进行逐个分析、排除、选择，最后找到突破口。

在进行以上四步思考时，一边想一边写出要点，有利于比较分析；即使最终未能突破，阅卷老师也可以根据答案的思路正确程度给予相应的分数。

④碰壁后立刻急转弯。解题时若思路受阻，难以突破，就不应一条道跑到黑，立即再找一个思路，或许会豁然开朗。

转换思路，不仅仅是选择解题的正确方向，有时也为了适应自己的知识结构。解题中每种思路的展开都需要有相应的知识跟上，知识储备不足，思路会因此中断。所以，及时转换思路能够弥补自己的不足而发掘自己的潜能，将解题的突破口选择在自己的优势上。

温馨提示：

了解和认识考场上可能出现的常见问题，并掌握有效的应对方法，才能超越考试的障碍，考出良好的成绩。

◆ 做好考试的全面总结

一次考试只是学习的总结而不是学习的终结，只是对考生的检测而不是对个人的定论。因此，考试之后做好全面总结，以迎接未来新的考试、新的挑战，是每个中学生在考试完成需要善后的一项重要内容。

中学生做好考试的总结工作，应从以下几个方面着手：

首先，要对各个学科的考试情况进行综合分析，哪一科考得好，哪一科考得不好，有无偏科现象，原因是什么，应该怎样改进。所有这些都应该充分考虑到，并有一个清醒的认识。

其次，要对具体学科的考试情况进行总结，这种总结是在前面已经进行试卷分析的基础之上，确定下一步的努力方向。譬如化学考试经过试卷分析，发现考试中出现的问题并非是对基础理论、基本概念理解得不好，也不是计算能力差，而是因为对许多元素化合物的知识没有记住。表面上看是某些综合计算题出了错，但症结却是由于忽视某些重要化学反应的记忆造成的，因为连题目中涉及的各步反应都未搞清，且无法写出化学方程式，那又如何进行有关的综合计算？因此，在下一步的学习中就应该重视对元素化合物知识的记忆，并应考虑到强化记忆的具体方法。

再次，要对学习与应试方法作出总结。一般来说，应从成功中总结出经验，从失败和挫折中总结教训。许多中学生不善于进行这方面的总结，无论考试考得好坏与否，自己完全不在意。这次考试发挥得好，但下次可能考糟；这次考得不好，下次可能仍然不好。有些中学生虽然从小学到高中，经历了十几年的学习和考试，但若论起学习和考试的经验，完全不知其所以然，更没有掌握一套个人行之有效的方法，其根本原因就是不善于进行学习与考试方法的总结。

有了对考试的全面总结，中学生也就明确了今后应该努力的方向。根据考试总结获得的信息，中学生可以确定下一步的学习重点，针对缺陷应在某些方面多下些工夫；根据前一段课程知识掌握的情况，在不同时间里可将精力稍作不同的分配。但也要注意，学习计划不能变化太大、太频繁，否则，经常“从头开始”，就像一本书永远只读了第一页一样，最终会因忙忙碌碌而无所作为。最关键的还是中学生应该对自己的学习状态、学习方法和学习策略作些灵活的调整，而不是疲于改写计划。

温馨提示：

任何经验都是从实践中总结出来的，中学生每次考试都可能获得点滴的经验与教训，如果每次都进行总结，不断积累，自然便会获得丰富的经验。